Reflexiones

CREADO EXCLUSIVAMENTE PARA
CALIFORNIA

California:
UN ESTADO CAMBIANTE

Tarea y práctica

Grado 4

Harcourt
SCHOOL PUBLISHERS

Orlando   Austin   New York   San Diego   Toronto   London

¡Visita *The Learning Site!*
www.harcourtschool.com

ISBN 0-15-343274-8

 9 10   1409   14 13 12

4500375772

Reflexiones

Las actividades de este libro refuerzan los conceptos y las destrezas de Estudios sociales del libro de Harcourt School Publishers *Reflexiones: California: Un estado cambiante*. Hay una actividad para cada lección y destreza. Además de las actividades, este libro contiene reproducciones de los organizadores gráficos que están en los repasos de los capítulos del Libro del estudiante. También contiene guías de estudio para que los estudiantes repasen lo aprendido. Las reproducciones de las páginas de actividades y sus respuestas están en la Edición del maestro.

Contenido

UNIDAD 1: LOS PRIMEROS HABITANTES

UNIDAD 2: CALIFORNIA EN EL PASADO

UNIDAD 3: CÓMO SE CONSTITUYÓ EL ESTADO

UNIDAD 4: CRECIMIENTO Y DESARROLLO

UNIDAD 5: EL ESTADO PROGRESA

Lección 3   En la región costera sur vivían muchos grupos de indios. Los chumash

vivían a lo largo de la costa del océano Pacífico y construían un tipo de canoa

llamado _____. Usaban _____ para

impermeabilizar sus cestas y canoas. Al igual que otros indios, los chumash tenían un

_____ para ayudar al pueblo a crear reglas y elegir a sus líderes.

Los líderes alentaban a sus aldeas a _____ entre sí.

Lección 4   En un tiempo, más de la mitad de los indios de California vivía

en el valle Central y en la región montañosa. Muchas aldeas maidu tenían un

_____ para almacenar las bellotas sobrantes. Los maidu usaban

la _____, o sistema de trabajo, para satisfacer las necesidades

de la aldea. Las personas se _____ en un tipo de trabajo para

hacerlo bien.

Lección 5   La región desértica era la menos poblada de las regiones. Por lo general,

los pueblos de allí iban a las _____ a recolectar alimento y otros

_____. Los cahuilla vivían cerca de áreas donde el agua surgía

de aberturas en la tierra llamadas _____. Los mojave vivían en

un territorio seco, o _____. Sin embargo, vivían cerca del río

Colorado. Cuando el río desbordaba, dejaba una capa de _____,

que permitía que los mojave cultivaran.

© Harcourt

LA LECTURA EN LOS ESTUDIOS SOCIALES: IDEA PRINCIPAL Y DETALLES

(Destreza clave) Los indios de California

INSTRUCCIONES Completa el organizador gráfico de abajo para mostrar que comprendes las ideas importantes y los detalles acerca de cómo vivían los indios de California.

Idea principal

Los indios de California se adaptaban a su ambiente y usaban los recursos naturales que encontraban a su alrededor para satisfacer sus necesidades.

Detalles

Indios de la región costera norte	Indios de la región costera sur	Indios de la región del valle Central y de las montañas	Indios de la región desértica
Usaban árboles para construir viviendas y embarcaciones.			

NORMAS DE CALIFORNIA HSS 4.1, 4.1.3, 4.2, 4.2.1

        Usar después de leer el Capítulo 2, páginas 56–89.

© Harcourt

Nombre _____ Fecha _____

Los exploradores llegan a California

INSTRUCCIONES Imagina que eres Hernán Cortés y que estás escribiendo una carta al monarca español. Quieres persuadirlo de que financie una expedición a las Américas. Completa los espacios en blanco de la carta de abajo para describir los beneficios que la expedición tendría para España.

Su Majestad Real:

Le escribo esta carta para explicarle por qué es importante explorar las tierras

de las Américas. Yo soy _____ y explorador. Quiero viajar a las

tierras conocidas como la _____ y obtener gloria para España.
        Uno de los beneficios de mi viaje es que podríamos hallar un

camino más corto a _____ . Entonces sería más fácil

_____ seda y especias. He escuchado historias sobre un angosto

canal navegable llamado el _____ de Anián, que podría conectar

los océanos Atlántico y _____ . Si encontramos ese canal, ya no

tendremos que navegar rodeando América del Sur o _____ para
llegar a Asia. Eso nos ahorraría tiempo y haría el viaje mucho menos peligroso.
        Además, podríamos hacernos muy ricos. Un grupo de nativos en México,

llamados _____ , tienen riquezas increíbles. Podríamos traer

_____ , plata y joyas de gran valor.
        Otra razón importante para ir a esas nuevas tierras es que

podríamos ayudar a _____ a los nativos al cristianismo.
        Espero que acceda a mi petición.

Su humilde servidor,
Hernán Cortés

NORMAS DE CALIFORNIA HSS 4.2, 4.2.2

© Harcourt

Nombre _____ Fecha _____

Destrezas: Seguir rutas en un mapa histórico

INSTRUCCIONES Observa el mapa de los viajes de Sir Francis Drake. Usa el mapa para responder las preguntas.

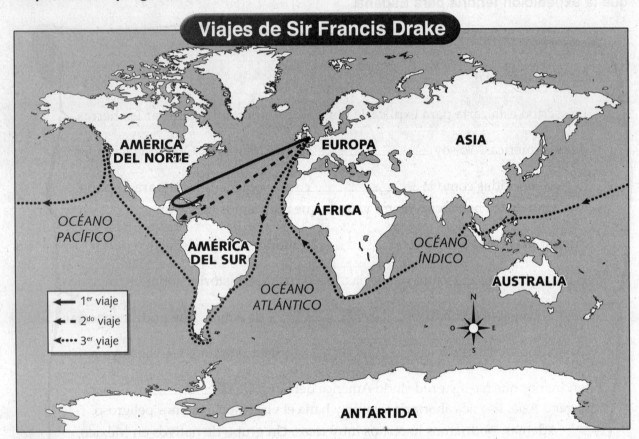

Viajes de Sir Francis Drake

1. En su primer viaje, ¿navegó Drake a América del Norte?

_____

2. En su segundo viaje, ¿navegó Drake a Asia?

_____

3. ¿Qué océanos cruzó Drake en su tercer viaje?

_____

4. Después de partir en su primer viaje, ¿en qué dirección navegó Drake?

_____

5. ¿En qué viaje llegó más lejos Drake?

_____

 NORMAS DE CALIFORNIA HSS 4.2, 4.2.2; CS4

© Harcourt

Los nuevos pobladores de Alta California

INSTRUCCIONES Lee cada oración sobre los nuevos pobladores de Alta California. Decide si cada declaración es verdadera (*V*) o falsa (*F*).

1 _____ Las primeras colonias de Alta California se fundaron a mediados del siglo XIX.

2 _____ En California, sacerdotes católicos y otros trabajadores religiosos se desempeñaron como misioneros.

3 _____ Junípero Serra fundó las primeras misiones de Alta California cerca de la bahía de San Diego y de la bahía de Monterey.

4 _____ Las primeras expediciones a Alta California llegaron solamente por tierra.

5 _____ El viaje por tierra a Alta California era fácil debido al terreno llano cubierto de hierba y al clima fresco.

6 _____ Juan Bautista de Anza halló una ruta terrestre fácil para ir a Alta California atravesando el norte de México.

7 _____ Gaspar de Portolá arribó a la bahía de Monterey el 24 de mayo de 1770.

8 _____ La decisión de establecer una colonia en Alta California se tomó porque a los españoles les preocupaba que los comerciantes de pieles rusos pudieran avanzar por la costa hacia el sur y entrar en Alta California.

9 _____ Antes de fundar una colonia en Alta California, España ya había establecido colonias en lo que serían más tarde New York, Michigan e Illinois.

10 _____ Los misioneros trataban de convertir a los indios a la religión católica y de enseñarles el idioma español.

© Harcourt

NORMAS DE CALIFORNIA HSS 4.2, 4.2.2, 4.2.3

Destrezas: Comparar fuentes primarias y secundarias

INSTRUCCIONES Estudia las fuentes que se mencionan abajo. Escribe si la fuente es una fuente primaria *(P)* o una fuente secundaria *(S)*.

1 _____ Una entrada de enciclopedia sobre la historia de California.

2 _____ El diario de Sir Francis Drake.

3 _____ El dibujo que hizo un amigo tuyo de lo que vio en su visita a una misión.

4 _____ Una entrevista con Juan Bautista de Anza después de su expedición a Monterey.

5 _____ Un artículo periodístico sobre la muerte del padre Serra.

6 _____ Un cuadro de Hernán Cortés pintado en 1975.

7 _____ La autobiografía de un conquistador.

8 _____ Un artículo de revista sobre los indios de California.

9 _____ Una carta de un misionero de la bahía de Monterey a su hermano en España.

10 _____ Tu libro de estudios sociales.

11 _____ El certificado de nacimiento de Gaspar de Portolá.

12 _____ Una copia de un discurso pronunciado por el rey Carlos III anunciando que España establecería colonias en Alta California.

13 _____ Un sitio web sobre galeones españoles.

14 _____ Una entrada de almanaque sobre la población de California.

15 _____ Un programa de televisión sobre los exploradores de California.

NORMAS DE CALIFORNIA HR 1

28 ■ Tarea y práctica   Usar después de leer el Capítulo 3, Lección de destreza, páginas 124–125.

Otros tipos de asentamientos

INSTRUCCIONES Cada una de las declaraciones de abajo se refiere a un tipo de asentamiento en California. Identifica qué tipo de asentamiento describe la declaración. Escribe *misiones*, *presidios* o *pueblos* en el espacio en blanco.

_____ **1** Casi todos estos fuertes se construyeron en puertos naturales.

_____ **2** Tenían una plaza rodeada de edificios importantes.

_____ **3** Estos asentamientos religiosos se conectaban entre sí por El Camino Real.

_____ **4** Generalmente estaban ubicadas cerca de tierra fértil y de agua dulce.

_____ **5** El primero de esos asentamientos fue San José de Guadalupe.

_____ **6** Se construyeron para proteger los asentamientos.

_____ **7** Cada uno tenía un *alcalde*, o presidente municipal.

_____ **8** Allí se enseñaba el cristianismo a los indios.

_____ **9** Los soldados que vivían en esos asentamientos tenían muchos deberes, como cazar, trabajar en los campos, cuidar el ganado, construir y reparar edificios y entregar el correo.

_____ **10** Los pobladores de estas comunidades agrícolas producían comida para los soldados.

_____ **11** Había cuatro de esos asentamientos: uno cerca de la bahía de San Diego, uno en Santa Barbara, uno en Monterey y uno en San Francisco.

_____ **12** Cada uno de esos asentamientos estaba a un día de marcha del siguiente.

_____ **13** Se llamaba así a las comunidades agrícolas.

_____ **14** Estaban construidos en forma cuadrada alrededor de un patio abierto donde se congregaban los soldados.

_____ **15** San Jose, Los Angeles y Santa Cruz comenzaron como asentamientos de este tipo.

© Harcourt

NORMAS DE CALIFORNIA HSS 4.2, 4.2.3, 4.2.4, 4.2.5

Destrezas: Leer una línea cronológica

INSTRUCCIONES Repasa los detalles acerca de la colonización española de California en las Lecciones 2 y 3 de tu libro de texto. Escribe el año en que ocurrió cada uno de los eventos de abajo. Después, coloca el número que corresponda a cada evento en el lugar correcto de la línea cronológica que aparece en la página siguiente.

_____ **1** George Vancouver visita el presidio de San Francisco.

_____ **2** Se funda el pueblo de Santa Cruz.

_____ **3** Los sacerdotes comienzan a establecer misiones.

_____ **4** Se funda el pueblo que más tarde será Los Angeles.

_____ **5** Se construye el primer pueblo de Alta California, San José de Guadalupe.

_____ **6** En esta época, tan solo 600 colonos viven en Alta California.

_____ **7** Se construye el primer presidio de Alta California, cerca de la bahía de San Diego.

_____ **8** Se funda el segundo pueblo, cerca de la misión de San Gabriel.

_____ **9** Juan Bautista de Anza y un grupo de 240 colonos llegan a Monterey.

_____ **10** Se funda la última de las 21 misiones.

© Harcourt

 NORMAS DE CALIFORNIA HSS 4.2, 4.2.3, 4.2.4; CS 1, 2 *(sigue)*

Nombre _____ Fecha _____

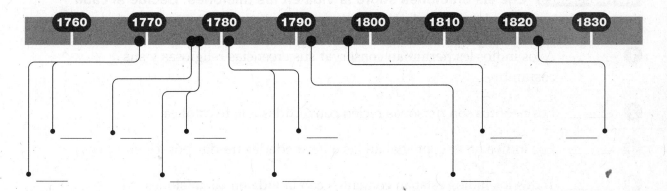

INSTRUCCIONES Usa la línea cronológica que completaste para responder las preguntas.

1760   1770   1780   1790   1800   1810   1820   1830

1 ¿Cuántos años hay entre cada fecha de la línea cronológica de arriba?

_____

2 ¿Qué dos siglos se muestran en la línea cronológica?

_____

3 ¿En qué década tuvieron lugar la mayor parte de los eventos?

_____

4 ¿Cuáles surgieron primero, los pueblos o los presidios? ¿Cómo lo sabes?

_____

_____

5 ¿Cuántos años pasaron entre la fundación de la primera misión y la de la última?

_____

La vida en las misiones

INSTRUCCIONES Lee las oraciones sobre la vida en las misiones. Decide si cada declaración es verdadera *(V)* o falsa *(F)*.

1 _____ A los indios les permitían conservar sus creencias religiosas y sus costumbres.

2 _____ Los neófitos son personas recién convertidas a la fe católica.

3 _____ Los indios no se contagiaban las enfermedades traídas por los europeos.

4 _____ Todos los indios estaban contentos con la vida en las misiones.

5 _____ Los indios de las misiones pasaban poco tiempo rezando o trabajando.

6 _____ Antes de vivir en las misiones, la mayoría de los indios eran cazadores y recolectores.

7 _____ El sistema de misiones cambió la economía de California.

8 _____ En las misiones se usaba un clarín para llamar a las personas a rezar y a trabajar.

9 _____ Nicolás José y Toypurina planearon rebelarse en una misión.

10 _____ Todos los indios de California eran agricultores antes de la llegada de los sacerdotes franciscanos.

11 _____ Algunos indios fueron obligados por soldados a ir a las misiones.

12 _____ En las misiones, a algunos indios les enseñaban carpintería y trabajo con metales.

13 _____ En las misiones, a los niños indios no se les permitía ir a la escuela.

14 _____ A los indios de las misiones no se les permitía usar sus ropas tradicionales.

15 _____ En los 75 años que siguieron al establecimiento de las primeras misiones, la población india llegó casi a duplicarse.

© Harcourt

NORMAS DE CALIFORNIA HSS 4.2, 4.2.4, 4.2.5, 4.2.6

Guía de estudio

INSTRUCCIONES Kyle está escribiendo una carta a Lucas, que pronto se mudará a California. Kyle le cuenta a Lucas sobre la historia de California. Ayúdalo a terminar la carta completando los espacios en blanco con las palabras de las listas de abajo.

Lección 1		Lección 2	Lección 3	Lección 4
conquistadores	sistemas de	colonia	presidio	economía
costos	vientos	misiones	pueblo	neófitos
beneficios	tierras	misionero	plaza	rebelaron
península	comercio	España	alcalde	costumbres
galeones	camino	Alta California	juez	obligados
corrientes oceánicas	más corto			

Lección 1   Esta es tu próxima carta sobre la historia de California. A los

primeros exploradores españoles se los conoció como _____

porque exploraban y conquistaban al mismo tiempo. Querían posesionarse

de _____ y riquezas para España. Algunos exploradores

querían encontrar un _____ a Asia. Sabían que los

_____ serían altos, pero pensaban que los

_____ serían enormes. Se acortaría el viaje, haciendo así el

_____ con Asia más fácil. Mientras buscaba una ruta comercial,

Hernán Cortés llegó a lo que creyó que era una isla, pero que en realidad era una

_____ . Barcos llamados _____ llegaban

rápidamente a Asia desde la Nueva España, gracias a las _____

y los _____ del océano Pacífico.

© Harcourt

Lección 2   Para proteger de otros países sus posesiones en _____ ,

España estableció una _____ . El rey de _____ hizo eso

a través de la fundación de _____ , o asentamientos religiosos. Se llama

_____ a alguien que enseña religión a otras personas en una misión.

Lección 3   Había también otros tipos de asentamientos en Alta California. Un

tipo de asentamiento era una comunidad agrícola llamada _____ .

Este tipo de asentamiento se construía alrededor de un área cuadrada abierta

llamada _____ , donde la gente podía reunirse. Cada comunidad

tenía un presidente municipal que también hacía de _____ . A esa

persona se la llamaba _____ . Otro tipo de asentamiento era el

_____ . Esta clase de asentamiento se construía para protección.

Lección 4   Las misiones cambiaron la _____ de Alta California,

que pasó a basarse en la agricultura. También les cambiaron la vida a los

indios. Algunos indios iban a las misiones porque querían. Otros indios fueron

_____ a ir a las misiones. En las misiones, los indios debían

abandonar su modo de vida tradicional. Se convertían en _____ de

la fe católica. Algunos indios estaban tan descontentos que se _____

contra las misiones. Los indios no querían abandonar sus creencias ni sus

_____ tradicionales.

¡Esto es todo por ahora! ¡Espero que disfrutes la historia de California tanto
como yo!
Tu amigo, Kyle

© Harcourt

Nombre _____ Fecha _____

LA LECTURA EN LOS ESTUDIOS SOCIALES: GENERALIZAR

Destreza clave **Exploración y primeros asentamientos**

INSTRUCCIONES Completa este organizador gráfico con datos para mostrar que comprendes los acontecimientos y que puedes generalizar sobre la exploración y colonización europea de California.

Datos

El explorador español Cabrillo llega a la bahía de San Diego.

Generalización

Con el tiempo, los europeos exploraron California y los españoles establecieron misiones para colonizar California.

 NORMAS DE CALIFORNIA HSS 4.2, 4.2.2, 4.2.3; HI 1

© Harcourt

México logra su libertad

INSTRUCCIONES El 16 de septiembre de 1810 es una fecha importante en la historia de México. Ese día comenzó la guerra por la independencia de México. Completa los espacios en blanco del esquema de abajo para explicar algunas de las razones de esa guerra y sus efectos en California. Usa los términos del recuadro.

independencia	mestizos	Dolores	secularización
indios	californios	economía	criollos

I. El descontento con el gobierno español causó la guerra.

    A. Las personas nacidas en México de padres españoles, llamadas

        _____, no recibían el mismo trato que las personas nacidas en España.

    B. Otros grupos que sufrían un trato desigual eran los indios y los

        _____, o personas de ascendencia india y europea.

    C. Los mexicanos querían la _____, o libertad, del dominio español.

    D. El padre Miguel Hidalgo y Costilla pronunció un famoso discurso llamado

        el "Grito de _____".

II. El gobierno mexicano afectó a California.

    A. La mayoría de las personas de Alta

        California que hablaban español, o

        _____, dieron la bienvenida

        al gobierno mexicano.

    B. El nuevo comercio con otros países ayudó a que la _____ de California creciera.

    C. El gobierno mexicano ordenó la _____, o el fin del control religioso de las misiones.

    D. Cuando se cerraron las misiones, los _____ recibieron pocas tierras de las misiones.

NORMAS DE CALIFORNIA HSS 4.2, 4.2.7, 4.2.8; HI3 *(sigue)*

36 ▪ **Tarea y práctica**   Usar después de leer el Capítulo 4, Lección 1, páginas 148–153.

© Harcourt

Nombre _____ Fecha _____

1 Al terminar la guerra por la independencia de México nos prometieron tierras de las misiones. Pero los californios y los nuevos colonos se convirtieron en los dueños de la mayor parte de las tierras. Muchas veces no tenemos otra opción que trabajar para ellos.

Este es el punto de vista de los _____ .

2 Ahora que la guerra ha terminado, dejaremos que vengan barcos de muchos países, incluyendo Estados Unidos, a los puertos de California.

Este es el punto de vista de los _____ .

3 La lucha en México está consumiendo todos nuestros recursos. Los soldados de los presidios deberán hallar sus propias provisiones.

Este es el punto de vista de los _____ .

4 Nos alegra que haya terminado el control religioso de las misiones. Ahora la gente de California puede ser dueña de esta rica tierra.

Este es el punto de vista de los _____ .

5 Las personas que no nacieron en España, y las personas de ascendencia europea e india, no deberían tener buenos empleos en nuestro gobierno ni en la Iglesia.

Este es el punto de vista de los _____ .

Nombre _____ Fecha _____

Destrezas: Identificar causas y efectos múltiples

INSTRUCCIONES Lee el párrafo de abajo. Luego, responde las preguntas.

Julie tenía que tomar una prueba sobre el dominio mexicano en California. Quería que le fuera bien y por esa razón decidió estudiar mucho. Su madre le preguntó si le gustaría ir a la biblioteca para usar los libros que tienen allí y Julie aceptó entusiasmada. Cuando contó que iría a la biblioteca, algunos compañeros decidieron ir con ella. Julie y sus compañeros estudiaron mucho. Cuando Julie tomó la prueba, sacó un puntaje perfecto de 100. Tendrá una A en estudios sociales. Por obtener una A, tendrá la calificación que necesita para estar en el cuadro de honor este semestre. Eso la ha puesto muy contenta. Y sus padres están muy orgullosos de ella por lo mucho que trabajó.

1 El hecho de que Julie haya estudiado para su prueba, ¿fue una causa o un efecto de que haya obtenido una calificación perfecta?

_____

2 Que los compañeros fueran con ella a la biblioteca, ¿fue una causa o un efecto de que Julie decidiera estudiar en la biblioteca?

_____

3 ¿Cuáles fueron las dos causas de que a Julie le fuera bien en la prueba?

_____

4 ¿Cuál fue el efecto cuando Julie supo que había obtenido una A en estudios sociales?

_____

_____

5 ¿Qué dos efectos tuvo el hecho de que Julie estuviera en el cuadro de honor?

_____

_____

© Harcourt

 NORMAS DE CALIFORNIA HSS 4.2, 4.2.7, 4.2.8; HI 3   *(sigue)*

Nombre _____ Fecha _____

 INSTRUCCIONES Usa información de la Lección 1 para completar el diagrama. Muestra las múltiples causas y efectos de la independencia mexicana en California.

Causa
México logra la independencia.

↓

Efecto
Se aprueban leyes y se designan funcionarios mexicanos en _____.

Causa	Causa
El gobierno _____ cambia las leyes de comercio.	Se pone fin al sistema de _____ en California.

↓ ↓

Efectos	Efectos
• _____ de muchos países comienzan a llegar a los puertos de California. • Un incremento del comercio ayuda al crecimiento de la _____ de California.	• Los indios reciben pocas de las _____ que el gobierno mexicano les había prometido. • Muchos indios tienen que trabajar para los _____ porque no saben cómo vivir fuera de las misiones.

El crecimiento de la economía de los ranchos

INSTRUCCIONES Lee el párrafo sobre las haciendas. Usa la información del párrafo para responder las preguntas.

Las haciendas eran, por lo general, casas grandes, de un solo piso. Estaban hechas de adobe, que son ladrillos secados al sol. El techo de la hacienda era de tejas. La hacienda se construía alrededor de un patio grande y abierto, y había muchos pasillos con forma de arco. La cocina estaba separada del edificio principal, para evitar que un incendio pudiera destruir la hacienda. En estas casas se realizaban grandes celebraciones, como bodas y fiestas de la cosecha. Con el tiempo, muchas antiguas haciendas se transformaron en hoteles. Algunas de esas haciendas existen todavía hoy.

1 ¿Cuántos pisos tenía una hacienda?

_____

2 ¿Qué materiales se usaban para construir una hacienda?

_____

_____

3 ¿Por qué la cocina estaba lejos de la casa principal?

_____

_____

4 ¿Alrededor de qué se construía la casa?

_____

5 ¿Qué tipos de fiestas podían realizarse en una hacienda?

_____

_____

NORMAS DE CALIFORNIA HSS 4.2, 4.2.5, 4.2.8; CS 1

(sigue)

© Harcourt

Nombre _____ Fecha _____

INSTRUCCIONES Lee las oraciones de abajo. Luego, escribe los números 1 a 5 en los espacios en blanco para poner las oraciones en el orden correcto. El primer número ya está escrito.

Mariano Vallejo fabricaba velas de sebo en el rancho Petaluma, en el norte de California. El sebo, o grasa animal, provenía del ganado que se criaba en la misión. Aunque las velas eran muy útiles, a mucha gente no le gustaba usarlas. Las velas de sebo ardían en forma despareja, producían mucho humo y tenían un olor fuerte. Como estaban hechas de grasa animal, las velas se derretían cuando hacía mucho calor, y a los ratones les encantaba mordisquearlas.

Fabricando velas de sebo

_____ Los trabajadores dejan enfriar y endurecer el sebo adherido a las mechas. Luego, giran la rueda y sumergen nuevamente todas las velas. Las velas pueden necesitar ser sumergidas varias veces hasta tener el tamaño suficiente para ser usadas.

_____ Los fabricantes de velas hacen un fuego fuerte y derriten el sebo en un recipiente grande. Atan las mechas a bastidores de madera que cuelgan de los rayos de la rueda de hacer velas.

_____ Las velas terminadas son almacenadas en un lugar fresco, adonde los ratones no pueden llegar.

_____ Luego, un trabajador gira la rueda de hacer velas y sumerge uno por uno cada conjunto de mechas hasta que todas las mechas están cubiertas de sebo.

_____ Usando sogas que suben y bajan los bastidores de mechas, un trabajador sumerge la primera fila de mechas colgantes en el sebo derretido.

La vida en los ranchos

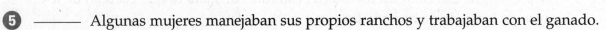

INSTRUCCIONES Lee las oraciones sobre la vida en los ranchos. Escribe *V* junto a las declaraciones que son verdaderas y *F* junto a las declaraciones que son falsas.

1 _____ La tarea principal del vaquero era reunir el ganado del rancho cuando los animales andaban por los campos.

2 _____ La marca es el tipo de ropa que usaba el vaquero cuando montaba a caballo para reunir el ganado.

3 _____ Un buen vaquero podía atrapar cualquier animal arrojando una reata y enlazándola alrededor del cuello del animal.

4 _____ Una reata es un arnés de madera, grande, con un agujero en el centro.

5 _____ Algunas mujeres manejaban sus propios ranchos y trabajaban con el ganado.

6 _____ Los indios trabajaban como vaqueros, cocineros y granjeros.

7 _____ La mayoría de los indios ganaba dinero por el trabajo que hacía en los ranchos.

8 _____ En fiestas y otros eventos sociales, los vaqueros solían participar en carreras de caballos o corridas de toros.

9 _____ Generalmente, solo una familia pequeña vivía en la hacienda de un rancho.

10 _____ Cerca de los ranchos había escuelas públicas para los niños.

© Harcourt

NORMAS DE CALIFORNIA HSS 4.2, 4.2.5, 4.2.8

(sigue)

Nombre _____ Fecha _____

Siempre había mucho trabajo que hacer en el rancho. Todo el mundo tenía que ayudar. Lee los párrafos de abajo. Luego, identifica si el párrafo describe *un vaquero, un dueño* o *dueña de rancho* o un *trabajador indio.*

1 La gente se despierta muy temprano para trabajar en el rancho. Un trabajador le da de comer a un caballo antes de desayunar. Viste pantalones y una chaqueta corta encima de una camisa. Es muy hábil para usar la reata. El trabajador se pasa la mayor parte del día reuniendo el ganado del rancho. Gastará la paga por ese trabajo en las cosas que necesita.

El trabajador es _____.

2 Va a haber una fiesta en el rancho. Todos están ocupados haciendo preparativos para los muchos invitados que vendrán a celebrar una boda. Una mujer supervisa a los trabajadores y se asegura de que el rancho esté preparado para la fiesta, que durará una semana. La mujer tiene mucho dinero y puede permitirse agasajar y entretener a muchos invitados en esa celebración.

La mujer es _____.

3 Los jinetes trabajan duro para reunir el ganado. Uno de los trabajadores montará muchas millas hoy. Ese diestro jinete trabaja duro para hacer un buen trabajo. A cambio de ese trabajo recibe comida, algunas ropas y un lugar donde vivir.

El jinete es _____.

4 La vida en el rancho es muy dura. Hay un trabajador que cumple tareas de cocinero y también de granjero en los campos. Al final del día, el trabajador vuelve a su casa en un pequeño poblado. El poblado está en el rancho.

El trabajador es _____.

5 Esta noche hay una fiesta en el rancho, con muchos invitados. Un invitado llega a la fiesta luego de recibir su paga por reunir ganado. El invitado es un jinete experto. Vistiendo una camisa suelta, pantalones y una chaqueta corta, el invitado gana una carrera de caballos en la fiesta.

El invitado es _____.

Capítulo 4

Guía de estudio

INSTRUCCIONES Jessica escribió un reporte sobre un libro para la clase de historia. El libro trata sobre la vida en California antes y después de que México lograra su libertad de España. Completa las palabras que faltan en el reporte de Jessica. Usa los términos del recuadro.

Lección 1	Lección 2		Lección 3
criollos	trueque	sebo	vaqueros
secularización	economía	mexicano	labor
independencia	hacienda	californios	fiestas
mexicanos	ranchos	cesiones de tierra	reata
mestizos	diseño	puertos	marca de herradura

Lección 1   Leí un libro sobre la vida en California antes y después de que México

lograra su libertad de España. La primera parte del libro trata acerca de los motivos

que llevaron a la guerra y lo que sucedió después. A muchos _____

no les gustaba ser gobernados por España. Bajo el régimen español, las personas

nacidas en México de padres españoles, los _____, no podían

tener buenos empleos. España trataba peor aun a las personas de ascendencia

europea e india, los _____. México libró una guerra para obtener su

_____ de España. Después de la guerra, la mayoría de los habitantes

de Alta California que hablaban español, los californios, aceptaron de buena gana

el gobierno mexicano. El nuevo gobierno puso fin en California al control de las

misiones ejercido por la Iglesia y ordenó la _____ de las misiones.

NORMAS DE CALIFORNIA HSS 4.2, 4.2.5, 4.2.7, 4.2.8   *(sigue)*

44 ▪ Tarea y práctica   Usar después de leer el Capítulo 4, páginas 148–169.

© Harcourt

Nombre _____ Fecha _____

Lección 2 La segunda parte del libro trata sobre la vida en California en aquel momento. Para atraer pobladores a California, el gobierno _____ ofrecía donaciones de tierra, o _____. Si alguien quería tierras, escribía una carta que incluía un mapa hecho a mano. El mapa, llamado _____, mostraba los límites de la tierra. Muchos colonos establecieron grandes fincas donde criaban ganado, llamadas _____. Estos tenían una casa principal, llamada _____, y tierras de pastoreo para el ganado y los caballos. Antes de la guerra, los _____ de California estaban cerrados para los barcos extranjeros. Cuando se permitió el ingreso de los barcos, el comercio se volvió importante para la _____. Cuando llegaba un barco, la gente hacía _____, cambiando unos productos por otros. Los comerciantes querían _____ para hacer jabón y velas. Los hispanohablantes de California, o sea los _____, necesitaban cosas que no podían conseguir en California.

Lección 3 En los ranchos siempre había mucho trabajo, o _____, que hacer. Los peones llamados _____ eran diestros en el uso de un lazo llamado _____, que se empleaba para reunir el ganado del rancho. A veces, esos trabajadores hacían una _____ en el cuero de los terneros para mostrar que el ganado pertenecía a un rancho determinado. A pesar del intenso trabajo, en los ranchos había tiempo para festejos. Las grandes celebraciones, o _____, podían durar días, y la gente viajaba desde muy lejos para asistir a ellas. Me habría gustado vivir en un rancho en aquella época.

© Harcourt

Nombre _____ Fecha _____

LA LECTURA EN LOS ESTUDIOS SOCIALES: GENERALIZAR
⭐ Destreza clave   El dominio mexicano de California

INSTRUCCIONES   Completa este organizador gráfico con hechos para mostrar que comprendes los hechos y que puedes generalizar sobre los asentamientos en la California mexicana desde principios del siglo XIX hasta 1850.

Datos

México se independizó de España.			
	_____	_____	_____
	_____	_____	_____
	_____	_____	_____
	_____	_____	_____
	_____	_____	_____
	_____	_____	_____
	_____	_____	_____
	_____	_____	_____
	_____	_____	_____
	_____	_____	_____
	_____	_____	_____
	_____	_____	_____

Generalización

Bajo el dominio mexicano, California fortaleció su economía y aumentó su población.

© Harcourt

 NORMAS DE CALIFORNIA HSS 4.2, 4.2.8; HI 1

Usar después de leer el Capítulo 4, páginas 148–169.

Nombre _____ Fecha _____

La expansión hacia el oeste

INSTRUCCIONES Lee los párrafos de abajo sobre las expediciones de diferentes exploradores. Decide qué explorador puede haber hecho cada descripción y escribe su nombre en el espacio en blanco.

James Beckwourth

James Ohio Pattie

Jedediah Strong Smith

Joseph Reddeford Walker

Ewing Young

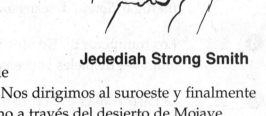

Jedediah Strong Smith

1 En 1826 lideré a 17 hombres en una expedición de caza. Partimos de la zona del Gran Lago Salado. Nos dirigimos al suroeste y finalmente llegamos al río Colorado. Luego, seguimos camino a través del desierto de Mojave.

Soy _____.

2 Mi padre y yo iniciamos una expedición en 1827. No fuimos bien recibidos en California. Nos encarcelaron. Tiempo después, fui liberado, pero mi padre murió en prisión.

Soy _____.

3 Mis viajes en la década de 1830 ayudaron a desarrollar el Antiguo Sendero Español, que iba desde Santa Fe, New Mexico, hasta el sur de California.

Soy _____.

4 Fui el primer estadounidense en cruzar la sierra Nevada desde el este. Descubrí un paso, o camino entre las montañas, que más tarde llevaría mi nombre.

Soy _____.

5 En 1850 hallé un nuevo paso en el norte de la sierra Nevada, que más tarde llevaría mi nombre.

Soy _____.

 NORMAS DE CALIFORNIA HSS 4.3, 4.3.2

Destrezas: Distinguir entre hecho y opinión

INSTRUCCIONES Lee las siguientes declaraciones. Decide si cada una es un hecho *(H)* o una opinión *(O)*.

1 _____ En la década de 1820, la oferta de pieles de castor en Estados Unidos estaba prácticamente agotada.

2 _____ Ewing Young fue el explorador más valiente de todos porque ayudó a desarrollar el Antiguo Sendero Español.

3 _____ El padre José Bernardo Sánchez era una buena persona porque ofreció comida y un lugar donde descansar a los hombres de Jedediah Strong Smith.

4 _____ Los tramperos de Estados Unidos se desplazaban hacia el oeste en busca de animales de pieles valiosas.

5 _____ El Paso Walker es la ruta más fácil para cruzar la sierra Nevada.

6 _____ En 1826, Jedediah Smith lideró a 17 hombres en una expedición de caza.

7 _____ Estuvo mal haber encarcelado a James Ohio Pattie y a su padre, Sylvester Pattie.

8 _____ California era el mejor lugar de toda América del Norte para atrapar castores y otros animales.

9 _____ Jedediah Strong Smith fue una de las primeras personas de Estados Unidos en llegar a Alta California por tierra.

10 _____ James Ohio Pattie y su padre, Sylvester Pattie, iniciaron una expedición a California en 1827.

© Harcourt

NORMAS DE CALIFORNIA HSS 4.3, 4.3.2 *(sigue)*

Nombre _____ Fecha _____

INSTRUCCIONES Lee el anuncio de abajo. Decide si cada declaración es un hecho o una opinión. Luego, imagina que eres un trampero que lee el anuncio. Decide si te gustaría mudarte a California, y explica el porqué de tu decisión.

TRAMPEROS, ¡A CALIFORNIA!

Siendo la oferta de pieles de castor tan baja y tan alta su demanda, ¡las personas pagarán altos precios por las pieles! Definitivamente te harás rico atrapando animales y vendiendo pieles. El viaje a California será difícil a causa de los desiertos y las escarpadas montañas que deberás cruzar. ¿Te gusta la aventura? Te convertirás en un famoso trampero y encontrarás un nuevo paso para que otras personas te sigan.

1 "Siendo la oferta de pieles de castor tan baja y tan alta su demanda, ¡las personas pagarán altos precios por las pieles!"

¿Es esto un hecho o una opinión? _____

2 "Definitivamente te harás rico atrapando animales y vendiendo pieles."

¿Es esto un hecho o una opinión? _____

3 "El viaje a California será difícil a causa de los desiertos y las escarpadas montañas que deberás cruzar."

¿Es esto un hecho o una opinión? _____

4 "Te convertirás en un famoso explorador y encontrarás un nuevo paso para que otras personas te sigan."

¿Es esto un hecho o una opinión? _____

5 Imagina que eres un trampero. Después de leer el anuncio, ¿irías a California? Explica el por qué de tu decisión.

_____

_____

_____

© Harcourt

Los senderos hacia California

INSTRUCCIONES En sus viajes a California, los pioneros llevaban muchas provisiones. Abajo encontrarás una lista de algunas posibles provisiones. Lee las situaciones que podrían haberte sucedido si hubieras viajado en una caravana de carromatos a California. Luego, observa cuidadosamente la lista, decide qué objeto dejarías atrás y táchalo de la lista. Para cada situación, debes elegir entre los objetos que quedan. En una hoja aparte, explica tus elecciones.

Cosas para llevar a California		
cubeta con grasa para las ruedas de los carromatos	mantequera	hacha
cubeta con carbones encendidos para iniciar fogatas	comida	martillo
	rifle	sierra
barril hermético de madera	ropa extra	arado
ollas y sartenes	mantas	semillas
calentador		

1 Primero debes cruzar un río crecido. Para ello, deberás quitarle las ruedas al carromato y cruzarlo flotando al otro lado. El carromato es demasiado pesado. ¿Qué elemento dejarías?

2 Ahora estás cruzando las llanuras secas y enfrentas también serios problemas. Tus animales se sienten débiles y tienen sed. Les cuesta mucho tirar del carromato. ¿Qué elemento dejarías para que el carromato pese menos?

3 La caravana de carromatos en la que viajas se encuentra con indios americanos que quieren comerciar con ustedes. ¿Qué elementos podrías darles? ¿Qué elementos te gustaría recibir a cambio?

4 La caravana de carromatos en la que viajas ha llegado a las montañas. La subida es escarpada y el carromato aún tiene mucho peso para que los bueyes tiren de él. ¿Qué elemento dejarías?

_____

_____

 NORMAS DE CALIFORNIA HSS 4.3, 4.3.2

© Harcourt

Destrezas: Distinguir entre hecho y ficción

INSTRUCCIONES Muchas de las personas que iban al oeste escribían sus diarios de viaje. Lee el siguiente fragmento del diario de John Bidwell. Luego, responde las preguntas.

Esta mañana, los carromatos partieron en fila india; primero las cuatro carretas y un carromato pequeño de los misioneros, luego ocho carromatos jalados por mulas y caballos, y, por último, cinco carromatos jalados por diecisiete yuntas [pares] de bueyes.

El cálculo [plan] de la compañía era que avanzáramos lentamente hasta que nos alcanzara el carromato de Chiles. Íbamos hacia el oeste. Dejando Kansas no muy lejos a nuestra izquierda, nos internamos en un valle que era todo pradera excepto en las márgenes del río. El día fue muy cálido y nos detuvimos cerca del mediodía, habiendo recorrido doce millas.

—*del diario de John Bidwell*

1 Identifica un hecho del fragmento de arriba.

_____

_____

2 ¿Cómo puedes probar que algo es un hecho?

_____

_____

3 ¿Qué ventaja y qué desventaja tiene usar una fuente documental, como el diario de John Bidwell?

_____

_____

_____

_____

© Harcourt

NORMAS DE CALIFORNIA HSS 4.3, 4.3.2; HR 3

(sigue)

INSTRUCCIONES Lee estas oraciones de un cuento de ficción acerca de la expedición Bartleson-Bidwell. Usa lo que sabes acerca de la expedición para decidir qué oraciones corresponden a un *hecho*. Rotula todas las otras oraciones como *ficción*. Luego, responde la pregunta.

1 _____ Pasé la tarde con mi amigo el señor Hooper.

2 _____ Mr. Hooper pronto se unirá a la expedición Bartleson-Bidwell.

3 _____ La expedición Bartleson-Bidwell va a California.

4 _____ El grupo ha elegido a John Bartleson para liderar el viaje al oeste.

5 _____ La expedición partirá de Missouri en mayo de 1841.

6 _____ La expedición Bartleson-Bidwell planea seguir el Sendero de Oregon durante una parte de su viaje a California.

7 _____ En un momento, la expedición deberá dejar el Sendero de Oregon y dirigirse al suroeste para llegar a California.

8 _____ El señor Hooper está entusiasmado con el viaje a California.

9 _____ Espera poder establecer un gran rancho allí.

10 _____ "Hay tierra en California", dice. "Obtendré una cesión de tierra".

11 _____ En California, el gobierno otorga cesiones de tierras a los nuevos colonos.

12 _____ El señor Hooper dice que espera llegar a California antes de que comience el invierno.

13 ¿Cómo usa un escritor de ficción los hechos y la ficción en un cuento histórico?

_____

_____

_____

_____

_____

© Harcourt

Nombre _____ Fecha _____

Estadounidenses en California

INSTRUCCIONES **Lee las declaraciones acerca de los estadounidenses en California. Decide si cada declaración es verdadera (V) o falsa (F).**

1 _____ Los colonos de California solo podían ser dueños de tierras si eran ciudadanos estadounidenses.

2 _____ La idea de que Estados Unidos debía expandirse y llegar desde la costa atlántica hasta la costa del Pacífico se conoció como Doctrina Polk.

3 _____ En 1845, el presidente Polk ofreció a México 40 millones de dólares por lo que hoy es California, Arizona y New México.

4 _____ El gobierno mexicano pudo detener a los colonos que querían mudarse a California.

James K. Polk

5 _____ En 1846, un grupo de colonos de Estados Unidos entró a San Francisco para quitar el control de California a México.

6 _____ Los ocupantes ilegales tenían la misma protección y los mismos derechos que los ciudadanos mexicanos.

7 _____ En una república, el pueblo elige a sus líderes.

8 _____ Mariano Vallejo pensaba que lo mejor para California era separarse de México.

9 _____ Un rebelde es una persona que lucha contra el gobierno.

10 _____ Todos los californios tenían la misma opinión acerca de ser gobernados por México.

© Harcourt

NORMAS DE CALIFORNIA HSS 4.2, 4.2.8

Usar después de leer el Capítulo 5, Lección 3, páginas 206–211. **Tarea y práctica ▪ 53**

La guerra entre México y Estados Unidos

INSTRUCCIONES Numera las oraciones de abajo de 1 a 10 para mostrar el orden correcto en que sucedieron los acontecimientos.

_____ El gobernador mexicano Pío Pico y el general Andrés Pico organizan la rendición de California.

_____ Estados Unidos y México firman el Tratado de Guadalupe Hidalgo, poniendo fin oficialmente a la guerra entre México y Estados Unidos.

_____ Robert F. Stockton envía a un grupo de los Abanderados del Oso para tomar el control de otras ciudades de California.

_____ John D. Sloat se dirige en barco a Monterey y toma la ciudad.

_____ Los soldados de Estados Unidos son derrotados por los californios en el Rancho Domínguez.

_____ Texas se independiza de México.

_____ Líderes mexicanos y estadounidenses firman el Tratado de Cahuenga, que pone fin a las luchas en California.

_____ Soldados de Estados Unidos cruzan el límite entre Texas y México y son atacados por tropas mexicanas.

_____ Robert F. Stockton deja a Archibald Gillespie a cargo de Los Angeles; algunos californios de rebelan.

_____ Los californios sorprenden a los soldados estadounidenses y los vencen en la batalla de San Pascual.

1846

Presente

© Harcourt

NORMAS DE CALIFORNIA HSS 4.3; CS 1

54 ■ **Tarea y práctica**

Usar después de leer el Capítulo 5, Lección 4, páginas 212–217.

Destrezas: Leer y comparar mapas históricos

INSTRUCCIONES El Camino Real comunicaba misiones, presidios y pueblos de California. Actualmente, la Carretera Nacional 101 comunica ciudades de California a lo largo de un trayecto similar. Observa cuidadosamente los mapas de abajo. Luego, responde las preguntas.

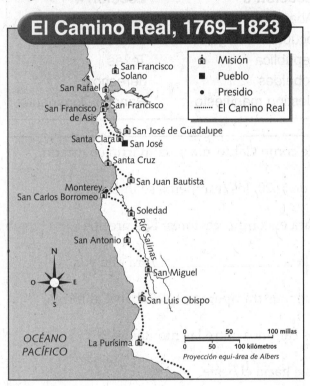

El Camino Real, 1769–1823

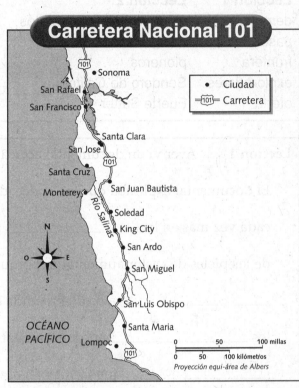

Carretera Nacional 101

1. Al sur de Monterey, ¿qué vía de agua siguen el Camino Real y la Carretera Nacional 101?

_____

2. ¿Qué misión estaba ubicada cerca de lo que hoy es la ciudad de Sonoma?

_____

3. ¿Qué dos ciudades del mapa fueron alguna vez presidios?

_____

4. ¿Qué antiguo pueblo es actualmente una ciudad de California?

_____

NORMAS DE CALIFORNIA HSS 4.1, 4.1.4, 4.2, 4.2.4; CS 4

Guía de estudio

INSTRUCCIONES María vio en la televisión un documental acerca de cómo California se convirtió en estado. Al día siguiente, presentó en la escuela un informe sobre el documental. Completa las palabras que faltan en el informe de María. Usa los términos de abajo.

Lección 1	Lección 2	Lección 3	Lección 4
demanda	caravanas de carromatos	Abanderados del Oso	Monterey
pasos	inmigrantes	ocupantes ilegales	tratado
frontera	pioneros	república	Texas
exploradores	Sendero de California	rebeldes	derechos
oferta	Fuerte Sutter	destino manifiesto	Rancho Domínguez

Lección 1   Ayer vi un documental acerca de cómo California se convirtió en estado.

El documental explicaba que, en la década de 1820, los tramperos se internaron

cada vez más en la _____ para encontrar castores. Los precios

de las pieles de castor aumentaron porque la _____ era alta y la

_____ era baja. A medida que más tramperos exploraban California,

los _____ encontraron varios caminos entre las montañas, o

_____, que facilitaban el viaje hacia el oeste.

Lección 2   Luego, el documental explicaba que muchas personas de otros

países, llamadas _____, llegaron a California en barco. Los

_____ también viajaban por tierra a California en grupos de

carromatos llamados _____. Generalmente seguían

la ruta principal a California, llamada _____. Muchas

personas se detenían en _____ para comprar provisiones o hallar

trabajo.

 NORMAS DE CALIFORNIA HSS 4.2, 4.2.8, 4.3, 4.3.1, 4.3.2   *(sigue)*

© Harcourt

Lección 3   A mediados de la década de 1800, muchas personas pensaban que el

país debía expandirse y llegar de la costa atlántica a la costa del Pacífico. Esta

idea se conoció como _____ . Algunos colonos americanos

en California se convirtieron en ciudadanos mexicanos y obtuvieron sus

propias tierras. Aquellos que vivían en un lugar sin autorización eran llamados

_____ . Las personas no se ponían de acuerdo acerca de

quién debía gobernar California. Un grupo quería quitar a México el control de

California. Estas personas que lucharon en contra del gobierno mexicano fueron

llamadas _____ . Querían que California eligiera a sus

propios líderes y fuera una _____ libre. Este grupo recibió el

nombre de _____ .

Lección 4   La última parte del documental explicaba uno de los motivos de la

guerra entre México y Estados Unidos. Una de las razones fue el desacuerdo acerca

del límite entre México y _____ . Los estadounidenses veían

la guerra como una oportunidad de tomar el control de California. John D. Sloat

navegó hasta la capital de la California mexicana, _____ . Declaró

que desde ese momento California formaba parte de Estados Unidos. Sloat aseguró

a los californianos que tendrían las mismas libertades, o _____ ,

que los otros ciudadanos estadounidenses. Siguieron muchas batallas, incluyendo

una en _____ en Los Angeles. Finalmente, se firmó un acuerdo

o _____ entre Estados Unidos y México. El tratado puso fin a la

lucha y Estados Unidos obtuvo el control de California.

© Harcourt

LA LECTURA EN LOS ESTUDIOS SOCIALES:
COMPARAR Y CONTRASTAR

 ¡Aquí vamos, California!

INSTRUCCIONES Completa cada diagrama de Venn para mostrar que comprendes en qué se parecían y en qué se diferenciaban los viajes de los exploradores.

Tema 1

Smith

- partió en 1826
- se le ordenó abandonar California

Semejanzas

_____
_____
_____
_____
_____

Tema 2

Pattie

- partió en 1827
- encarcelado por el gobernador Echeandía

Tema 1

Young

_____
_____
_____
_____
_____

Semejanzas

- ambos hallaron rutas a California que se convirtieron en importantes rutas para el comercio y para los colonos

Tema 2

Walker

_____
_____
_____
_____
_____

© Harcourt

 NORMAS DE CALIFORNIA HSS 4.3, 4.3.2

La fiebre del oro

INSTRUCCIONES Completa la tabla de abajo sobre las ventajas y desventajas de la rutas a California. Luego, responde las preguntas.

Ruta a California	Ventajas	Desventajas
Ruta por Panamá		Enfermedades, clima caluroso
Ruta por agua	Ruta más barata	
Ruta por tierra		

Si hubieras sido uno de los del cuarenta y nueve, ¿qué ruta habrías tomado? ¿Por qué?

_____

_____

_____

_____

_____

© Harcourt

NORMAS DE CALIFORNIA HSS 4.3, 4.3.2; HI 4

Los efectos de la fiebre del oro

INSTRUCCIONES Lee las afirmaciones de abajo. Decide si cada declaración describe a empresarios *(E)*, a mineros *(M)* o a indios de California *(I)*.

1 _____ En California, las mujeres y los afroamericanos pertenecían a menudo a este grupo.

2 _____ Miembros de este grupo a menudo se ganaban la vida estableciendo tiendas o estableciendo hoteles.

3 _____ Muchas personas de este grupo abandonaron el sueño de hallar oro, pero decidieron quedarse de todas maneras en California.

4 _____ Los lugares en los que cazaban, pescaban y recolectaban su alimento a veces eran arruinados por la minería.

5 _____ Los métodos que usaban para trabajar dañaban a veces el ambiente.

6 _____ Los miembros de este grupo eran los que tenían más oportunidades de enriquecerse.

7 _____ Los miembros de este grupo llegaron para buscar oro, pero muchos creían que solo quienes habían nacido en Estados Unidos tenían derecho a buscar oro en California.

8 _____ Levi Strauss pertenecía a este grupo.

9 _____ Muchas veces, los mineros los obligaban a dejar sus tierras.

10 _____ Los miembros de este grupo establecían nuevos negocios.

11 _____ Estas personas generalmente se quedaban en sucios campamentos con otros de los del cuarenta y nueve.

12 _____ A veces se decía que "explotaban a los mineros".

13 _____ Estas personas vendían bienes y servicios.

14 _____ En este grupo, a menudo las mujeres podían ganar más dinero que los hombres.

© Harcourt

NORMAS DE CALIFORNIA HSS 4.3, 4.3.3, 4.3.4, 4.4, 4.4.2 *(sigue)*

Nombre _____ Fecha _____

1 ¿Cómo se beneficiaron las mujeres con la fiebre del oro?

_____

_____

2 ¿Cómo cambiaron las ciudades de Stockton y Marysville con la fiebre del oro?

_____

_____

3 ¿Cómo afectaba la minería hidráulica a los cursos de agua de California?

_____

_____

4 ¿Por qué durante la fiebre del oro eran tan caros los bienes y servicios?

_____

_____

5 ¿Qué hacían los vigilantes?

_____

_____

© Harcourt

Destrezas: Leer una gráfica lineal

INSTRUCCIONES Observa las gráficas lineales de la población de Los Angeles y Sacramento entre 1850 y 1890. Usa las gráficas para responder las preguntas de la página siguiente.

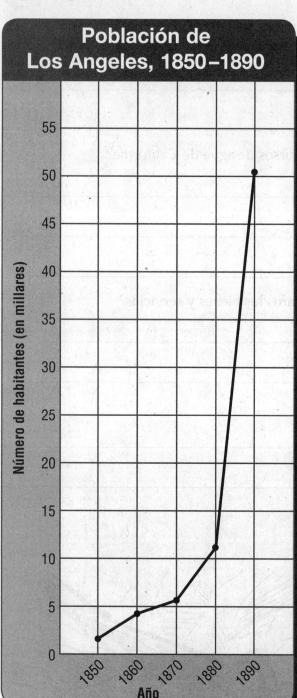

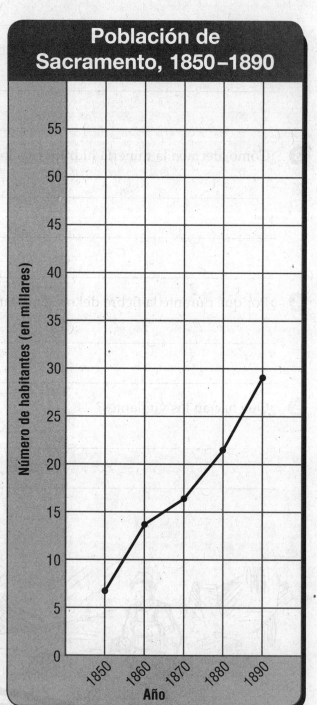

Fuente: California Department of Finance

© Harcourt

NORMAS DE CALIFORNIA HSS 4.4, 4.4.3, 4.4.4

(sigue)

1 ¿Qué te indica la gráfica lineal sobre la población de Los Angeles entre 1850 y 1890?

_____

_____

2 En 1870, ¿había más o menos de 15,000 habitantes en Sacramento?

_____

3 ¿Aproximadamente cuántos más habitantes tenía Los Angeles en 1880 que en 1870?

_____

_____

4 ¿Aproximadamente cuántos más habitantes tenía Sacramento en 1890 que en 1880?

_____

5 ¿Alrededor de cuántos más habitantes tenía Los Angeles que Sacramento en 1890?

_____

_____

California se convierte en estado

INSTRUCCIONES Imagina que eres un delegado a la Asamblea de Monterey y estás siendo entrevistado por un reportero. Responde las siguientes preguntas de la entrevista.

1 ¿Por qué realizan esta asamblea los californianos?

_____

_____

_____

2 ¿En qué se diferenciará el nuevo gobierno de los gobiernos anteriores?

_____

_____

3 ¿Mantendrán algunas de las leyes de los gobiernos anteriores?

_____

_____

_____

4 ¿Cuántos delegados son? ¿A quiénes representan?

_____

_____

_____

5 ¿Qué decisiones debe tomar la Asamblea de Monterey?

_____

_____

_____

© Harcourt

NORMAS DE CALIFORNIA HSS 4.3, 4.3.5, 4.4, 4.4.8; CS 1

(sigue)

INSTRUCCIONES Usa los números de 1 a 10 para colocar en el orden correcto los acontecimientos que llevaron a California a convertirse en estado.

_____ Los dos senadores de California piden al Congreso que permita que California se una a Estados Unidos.

_____ Se celebra la Asamblea de Monterey.

_____ Sacramento es elegida capital del estado.

_____ Peter H. Burnett es elegido primer gobernador del estado.

_____ Estados Unidos toma el control de California.

_____ California se convierte oficialmente en estado.

_____ Los miembros del Congreso llegan al Acuerdo de 1850.

_____ El general Bennet Riley convoca a una asamblea para tomar decisiones sobre el futuro de California.

_____ California es puesta bajo régimen militar.

_____ Los habitantes de California votan para ratificar la nueva constitución.

© Harcourt

Nombre _____ Fecha _____

Destrezas: Resolver conflictos

INSTRUCCIONES Responde las preguntas de abajo para ayudar a resolver un conflicto.

Matt y Aisha son hermanos y tienen un problema. Matt quiere usar la mesa de trabajo para hacer su proyecto de estudios sociales. Aisha quiere usar la mesa de trabajo para hacer su proyecto de ciencias. ¿Qué deben hacer?

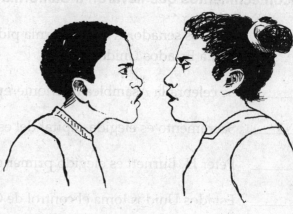

1 ¿Cuál es el conflicto?

_____

_____

2 ¿Qué quiere cada persona?

_____

_____

3 ¿Cómo crees que Matt resolvería el problema?

_____

_____

4 ¿Cómo crees que Aisha resolvería el problema?

_____

_____

5 ¿A qué acuerdo pueden llegar Matt y Aisha?

_____

_____

NORMAS DE CALIFORNIA HSS 4.3

(sigue)

© Harcourt

Nombre _____ Fecha _____

INSTRUCCIONES Los delegados a la Asamblea de Monterey tenían muchas decisiones importantes que tomar, como establecer el límite este de California y decidir si California debía o no ser un estado libre. Finalmente, los delegados decidieron que el límite este lo formarían la sierra Nevada y el río Colorado, y que California sería un estado libre. Con 48 delegados, seguramente muchos debieron renunciar a cosas que querían para poder llegar a un acuerdo.

Piensa en un conflicto que haya ocurrido hace poco en tu salón de clases, escuela o comunidad. Responde las siguientes preguntas para describir el conflicto y su resolución.

1 Describe el conflicto.

_____

_____

2 ¿Qué quería cada persona?

_____

_____

3 ¿Cómo quería resolver el conflicto cada una de las personas?

_____

_____

4 ¿Cómo se resolvió el conflicto?

_____

_____

5 ¿Qué acuerdos pueden haberse hecho?

_____

_____

_____

Guía de estudio

INSTRUCCIONES Jessica es reportera del periódico de su escuela. Decidió escribir un artículo para responder una pregunta de un lector: ¿Cómo se relaciona el nombre de los del cuarenta y nueve de San Francisco con la historia de California? Usa los términos de abajo para completar las palabras que faltan en el artículo de Jessica.

Lección 1	**Lección 2**	**Lección 3**
fiebre del oro	consumidores	asamblea
del cuarenta y nueve	empresarios	delegados
istmo	escasos	acuerdo
denuncio	inflación	legislatura
Sutter's Mill	minería hidráulica	ratificar

Lección 1   En 1848 se descubrió oro en _____ .

El descubrimiento provocó una _____ . En poco

tiempo, unos 90,000 buscadores de oro llegaron a California. Ciudades como

San Francisco crecieron rápidamente. En ese momento, había tres rutas

principales para llegar a California desde Estados Unidos. La más rápida

era a través del _____ de Panamá. Esta tierra une

América del Norte y América del Sur. A los buscadores de oro se los llamaba

_____ . El apodo se debía a que muchos de ellos llegaron a

California en 1849.

     Cuando llegaban a California, una de las primeras cosas que hacían los

buscadores de oro era establecer un _____ . Una vez que

habían hecho esto, ¡comenzaba la búsqueda de oro!

© Harcourt

NORMAS DE CALIFORNIA HSS 4.3, 4.3.2, 4.3.3, 4.3.5, 4.4, 4.4.2, 4.4.4   *(sigue)*

68 ▪ **Tarea y práctica**   Usar después de leer el Capítulo 6, páginas 226–257.

Lección 2   El sueño de encontrar oro hizo que mucha gente llegara a California

en un breve período. La mayoría buscaba oro. Algunas personas llamadas

_____ establecieron nuevos negocios para ofrecer

bienes y servicios a los mineros. Los mineros que compraban estos bienes y

pagaban estos servicios eran _____. La fiebre del oro

tuvo un enorme impacto en la economía. Los bienes se volvieron difíciles de

encontrar, o _____. La escasez de bienes y de mano de

obra provocó _____. La fiebre del oro también afectó el

ambiente. Uno de los métodos de minería más perjudicial era probablemente la

_____.

Lección 3   California estaba lista para un nuevo gobierno. Se celebró una

_____ en Monterey en 1849. Los _____ escribieron

una constitución que creaba una _____ , cuyos funcionarios serían

elegidos por los ciudadanos. En noviembre de 1849, los habitantes de California

votaron para _____ la nueva constitución. Los nuevos senadores de

California pidieron al Congreso que permitiera que California se uniera a Estados

Unidos. Esto provocó un gran debate acerca de si debía unirse como estado libre o

esclavista. Se llegó a un _____ y California se unió a Estados Unidos

el 9 de septiembre de 1850.

Como en esa época, California tenía una gran población de ciudadanos

estadounidenses, era fácil que se convirtiera en estado. Más de 150 años después

de que California se uniera a Estados Unidos, dejó de llegar gente al estado de

California para enriquecerse buscando oro. Pero se los recuerda cada vez que hay

un partido de fútbol en San Francisco en el que juegan ¡Los del 49!

LA LECTURA EN LOS ESTUDIOS SOCIALES: COMPARAR Y CONTRASTAR

 El rango de estado para California

INSTRUCCIONES Completa el diagrama de Venn de abajo para mostrar que comprendes en qué se parecían y en qué se diferenciaban dos de los métodos que los del cuarenta y nueve usaban para buscar oro.

Tema 1

Fuente de metal

- una sola persona
- se ponía agua de río, arena y grava en una fuente
- se hacía girar el agua dentro de la fuente

Semejanzas

_____
_____
_____
_____
_____
_____
_____
_____
_____
_____
_____
_____
_____
_____
_____

Tema 2

Cuna

- al menos dos personas
- dos bandejas; se llenaba la bandeja superior con arena, tierra y grava
- mientras uno de los mineros vertía agua sobre la tierra, el otro mecía la cuna

 NORMAS DE CALIFORNIA HSS 4.4, 4.4.2

Conexiones con el Este

INSTRUCCIONES Lee cada oración acerca de las conexiones de California con el Este de Estados Unidos. Decide si la oración es verdadera *(V)* o falsa *(F)*. Vuelve a escribir cada oración falsa para hacerla verdadera.

1 _____ El telégrafo usaba electricidad para enviar mensajes a través de cables.

_____

2 _____ El telégrafo fue inventado por Johnny Fry.

_____

3 _____ La Ley de Servicio Postal ayudó a brindar un servicio de correo entre el río Mississippi y San Francisco.

_____

4 _____ Enviar un mensaje por telégrafo tomaba horas.

_____

5 _____ John Butterfield fundó la Overland Mail Company.

_____

6 _____ La Ley de Servicio Postal causó que terminara el servicio del Pony Express.

_____

7 _____ Las diligencias de la Overland Mail podían transportar correo y pasajeros.

_____

8 _____ Las mejoras en las comunicaciones fortalecieron los vínculos de California con el resto de Estados Unidos.

_____

© Harcourt

NORMAS DE CALIFORNIA HSS 4.4, 4.4.1

La construcción del ferrocarril transcontinental

INSTRUCCIONES Imagina que eres un inmigrante chino que trabaja en la construcción del ferrocarril transcontinental. Estás por escribir una carta a casa. Usa las preguntas de abajo para ayudarte a organizar tus ideas.

1 ¿Para qué compañía de ferrocarril trabajas?

_____

2 ¿Qué tipo de trabajo haces? ¿Es peligroso?

_____

_____

3 ¿Hay muchos trabajadores chinos? ¿Aproximadamente cuántos hay?

_____

_____

_____

4 ¿Cuánto dinero ganas? ¿Es un buen salario?

_____

_____

_____

5 ¿Cuál es la mayor cantidad de vías que tú y otros trabajadores chinos han tendido en un día?

_____

_____

_____

NORMAS DE CALIFORNIA HSS 4.4, 4.4.1, 4.4.3; CS 3 *(sigue)*

© Harcourt

Nombre _____ Fecha _____

INSTRUCCIONES **Compara y contrasta el viaje de la costa este a la costa oeste antes y después de la construcción del ferrocarril transcontinental.**

1 Antes de la construcción del ferrocarril transcontinental, el viaje por tierra a California podía durar semanas. ¿Cuánto tiempo duraba el viaje por tierra después de la contrucción del ferrocarril transcontinental?

_____

2 Antes del ferrocarril, el viaje por tierra era duro y peligroso. ¿Cómo era el viaje para los pasajeros del tren?

_____

_____

3 ¿De qué manera el ferrocarril transcontinental aumentó el comercio de California?

_____

_____

4 ¿Qué cambios crees que se produjeron en California con la llegada del ferrocarril?

_____

_____

_____

© Harcourt

Usar después de leer el Capítulo 7, Lección 2, páginas 286–292.　　　　　**Tarea y práctica ▪ 73**

Las vías cruzan California

INSTRUCCIONES Imagina que eres un viajero en 1871. Usa el mapa para responder las preguntas.

1 ¿Qué parada en California se encuentra más al norte en este mapa?

_____

2 ¿Qué parada se encuentra más al sur en el mapa?

_____

3 Si fueras un comerciante de San Francisco y quisieras enviar productos a Monterey, ¿te resultaría más fácil hacerlo por tren o por barco de vapor? Explica tu respuesta.

_____

_____

Algunas líneas de ferrocarril en California, 1871

4 ¿Podías viajar en tren a Crescent City en 1871? ¿Por qué?

_____

5 Imagina que planeaste un viaje en tren de Truckee a Bear Creek. ¿Cuáles son algunos de los lugares por los que pasarás?

_____

_____

NORMAS DE CALIFORNIA HSS 4.1, 4.1.5, 4.4, 4.4.1; CS 5

(sigue)

© Harcourt

Nombre _____ Fecha _____

1 _____ Podían cobrar lo que querían por los boletos de tren porque había poca competencia.

2 _____ Perdieron dinero cuando se inauguró el canal de Suez.

3 _____ Obtuvieron más de 11 millones de acres de tierra para construir un ferrocarril como consecuencia de la Ley del Ferrocarril del Pacífico de 1862.

4 _____ Muchos de ellos no viajaban al oeste porque los boletos de tren eran muy caros.

5 _____ Algunos de ellos perdieron sus empresas porque los productos traídos del Este a veces costaban menos que los productos fabricados y vendidos en California.

6 _____ Sus ferrocarriles recibieron el apodo de "el pulpo".

7 _____ Cuando se terminó de construir el ferrocarril transcontinental, estaban ansiosos por enviar productos asiáticos a la costa este.

8 _____ Algunos de ellos tuvieron que cerrar sus empresas cuando se terminó de construir el ferrocarril transcontinental.

9 _____ El ferrocarril les facilitó el viaje de la costa este a la costa oeste.

10 _____ A medida que se enriquecían, compraban o comenzaban la construcción de otros ferrocarriles, incluyendo los ferrocarriles Western Pacific y California Southern.

© Harcourt

Destrezas: Leer un mapa de husos horarios

INSTRUCCIONES Estudia el mapa de husos horarios de abajo. Usa la información del mapa para responder las preguntas.

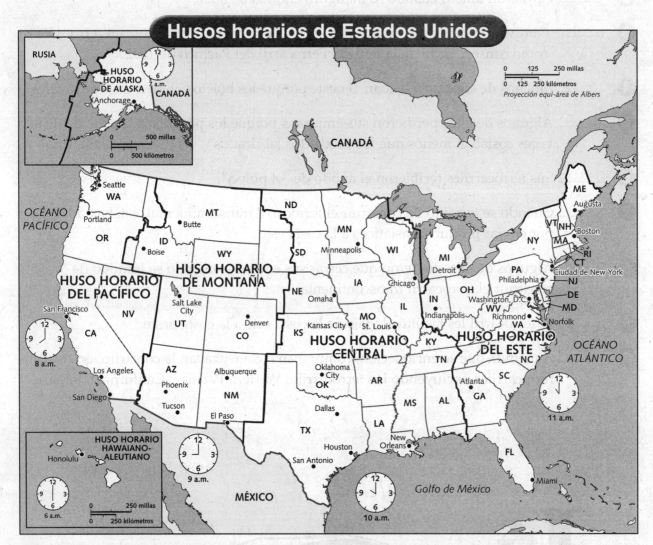

Husos horarios de Estados Unidos

1 ¿Qué husos horarios atravesarías en un viaje en tren de San Francisco a Chicago?

_____

_____

_____

2 ¿En qué huso horario se encuentra Denver? _____

NORMAS DE CALIFORNIA HSS 4.1; CS 4

(sigue)

3 Nombra dos estados que se encuentren en más de un huso horario.

_____

_____

_____

4 ¿Cuántas horas de diferencia hay entre el huso horario del Pacífico y el huso horario del

Este? _____

5 Si son las 8 a.m. en New York, ¿qué hora es en Los Angeles? _____

6 Si son las 6 p.m. en Chicago, ¿qué hora es en Anchorage? _____

7 Si son las 3 p.m. en Honolulu, ¿qué hora es en San Francisco? _____

8 Si son las 10 a.m. en Anchorage, ¿qué hora es en New York? _____

9 ¿Que hora es en el lugar donde vives? De acuerdo a eso, calcula la hora en cada una de estas ciudades: New York, Denver, Chicago, Anchorage y Honolulu.

_____

_____

_____

_____

10 Imagina que vives en Detroit y tu abuela vive en Tucson. Quieres llamarla antes de que salga de su casa, a las 7 a.m. ¿Aproximadamente a qué hora deberías llamarla?

_____

_____

© Harcourt

Una potencia agrícola

INSTRUCCIONES En el espacio en blanco, escribe la palabra o la expresión correcta para completar la oración. Usa los términos del recuadro de abajo.

refrigerados	canal	agricultores arrendatarios	granjas comerciales	dique
Riverside	trigo	distrito de irrigación	Mussel Slough	valle Central

1 Una vía fluvial cavada en la tierra es un _____ .

2 Los desacuerdos entre los agricultores y las compañías de ferrocarril condujeron al

conflicto en _____ .

3 La granja de John Bidwell estaba ubicada en el _____ .

4 Las _____ son granjas donde se cultiva con el

objetivo de vender las cosechas.

5 En 1870 se plantaron naranjales en el área que pronto se conocería como

_____ .

6 La Ley Wright permitía a grupos de agricultores formar un

_____ .

7 Un _____ es un muro alto que ayuda a evitar que las

tierras se inunden.

8 Hacia 1873, California se había convertido en el principal productor de

_____ del país.

9 A fines del siglo XIX, los agricultores comenzaron a usar vagones

_____ para transportar las cosechas al Este.

10 Los _____ pagaban una renta por la

tierra con el dinero que obtenían de la venta de sus cultivos.

NORMAS DE CALIFORNIA HSS 4.4, 4.4.2, 4.4.7   *(sigue)*

78 ▪ Tarea y práctica   Usar después de leer el Capítulo 7, Lección 4, páginas 300–306.

© Harcourt

Nombre _____ Fecha _____

INSTRUCCIONES **Responde las siguientes preguntas acerca del conflicto entre los ferrocarriles y los agricultores.**

1 ¿Aproximadamente cuánta tierra poseían en California las compañías de ferrocarril en la década de 1870?

_____

_____

_____

2 ¿Qué pensaban muchos agricultores acerca de las compañías de ferrocarril?

_____

_____

3 ¿Por qué estaban enojados los agricultores de Mussel Slough?

_____

_____

_____

_____

4 Recuerda la actividad "Resolver conflictos" del capítulo anterior. ¿De qué manera los agricultores de Mussel Slough podrían haber llegado a un acuerdo con la compañía de ferrocarril?

_____

_____

_____

_____

© Harcourt

Capítulo 7

Nombre _____ Fecha _____

Guía de estudio

INSTRUCCIONES **Martin se inscribió en un concurso de discursos. Su tema fue "Conexiones históricas con el Este: Transporte y comunicación". Martin escribió su discurso para practicar y prepararse. Escribe las palabras o expresiones que faltan para completar su discurso. Puedes usar algunas palabras dos veces.**

Lección 1	Lección 2	Lección 3	Lección 4
comunicación	ferrocarril	competencia	granjas comerciales
diligencia	transcontinental	Los Angeles	agricultores
telégrafo	invertir	"el pulpo"	arrendatarios
Pony Express	Central Pacific	ferrocarriles	distritos de irrigación
	Union Pacific		canales
	transporte		diques

Lección 1   En la década de 1850, la _____ entre California y

el este de Estados Unidos no era fácil. Las cartas tardaban meses en llegar de

una costa a la otra. El 10 de octubre de 1858, llegó a San Francisco la primera

_____ de la Overland Mail Company con noticias del Este.

Aunque la entrega de correo en diligencia era veloz, el _____

era más rápido todavía. El _____ duró menos de 18 meses, pero

transportó casi 35,000 cartas en ese corto tiempo. Luego, el _____

reemplazó al Pony Express, porque podía enviar mensajes de un extremo al otro de

Estados Unidos en pocos minutos.

NORMAS DE CALIFORNIA HSS 4.4, 4.4.1, 4.4.3, 4.4.4, 4.4.7   *(sigue)*

© Harcourt

Lección 2   Las personas también deseaban un mejor _____

entre las costas este y oeste. Theodore Judah consiguió personas dipuestas a

_____ su dinero en un _____ . Él y

otros cuatro hombres fundaron la compañía de ferrocarril Central Pacific. Comenzaron

a tender vías hacia el este desde Sacramento. Mientras tanto, el Union Pacific estaba

construyendo un ferrocarril hacia el oeste desde Council Bluffs, Iowa. Ambas

compañías contrataron muchos trabajadores inmigrantes para construir el ferrocarril.

El _____ contrató muchos trabajadores de Irlanda, y el

_____ contrató muchos trabajadores de origen chino. El 10

de mayo de 1869, las dos vías se encontraron en Promontory, Utah.

Lección 3   Con el tiempo, los propietarios del Central Pacific construyeron más

_____ en California. Estos se extendían en tantas direcciones

que los llamaban _____ . Uno de ellos era el Southern Pacific,

que iba de Stockton a _____ . Esos ferrocarriles tenían poca

_____ .

Lección 4   Gracias a las mejoras en el transporte, la agricultura de California

se convirtió en una industria importante. Las _____

satisfacían la creciente demanda de alimentos ya que cultivaban con el objetivo

de vender. En algunas áreas de California faltaba agua. Los agricultores tenían

derecho a formar _____ y construir

_____ para llevar agua a sus granjas. Como en otras

áreas había demasiada agua, se construyeron _____

para protegerse de las inundaciones. A causa de los ferrocarriles, algunos

agricultores tuvieron que rentar la tierra que cultivaban, convirtiéndose en

_____ .

© Harcourt

Nombre _____ Fecha _____

LA LECTURA EN LOS ESTUDIOS SOCIALES:
SACAR CONCLUSIONES

 El transporte y las comunicaciones

INSTRUCCIONES Completa los organizadores gráficos para mostrar que comprendes la importancia de los vínculos cada vez más estrechos que había entre California y el resto de Estados Unidos a fines del siglo XIX. Usa la evidencia y el conocimiento para sacar una conclusión.

Evidencia

En 1861 se terminó de construir una línea de telégrafo que unía California con la costa este.

Conocimiento

Las mejoras en la comunicación facilitan el intercambio de ideas.

Conclusión

_____

_____

Evidencia

El 10 de mayo de 1869 se terminó la construcción del ferrocarril transcontinental.

Conocimiento

Las mejoras en el transporte facilitan el traslado de pasajeros y de productos.

Conclusión

_____

_____

NORMAS DE CALIFORNIA HSS 4.4, 4.4.1, 4.4.3, 4.4.4

Usar después de leer el Capítulo 7, páginas 278–307.

© Harcourt

Inmigración y migración

INSTRUCCIONES Lee las siguientes oraciones sobre la inmigración y la migración a California. Decide si cada oración es verdadera *(V)* o falsa *(F)*.

1 _____ Muchos de los inmigrantes que llegaron a California querían vivir entre personas de su mismo país natal.

2 _____ Hacia 1900, vivían en California más de un millón de personas.

3 _____ Durante la década de 1870, los inmigrantes chinos podían tener cualquier empleo que quisieran.

4 _____ Los indios de California que se fueron a vivir a las reservas generalmente tenían buenas tierras y podían cultivar suficiente alimento.

5 _____ En 1878, Kate Douglas Wiggin fundó el primer jardín de niños gratuito de San Francisco.

6 _____ Los inmigrantes que entraban a Estados Unidos por la costa del Pacífico eran retenidos en la isla Ellis.

7 _____ Los afroamericanos construyeron su propio pueblo, llamado Anaheim.

8 _____ Un prejuicio es el sentimiento injusto de odio o rechazo hacia los miembros de un grupo, raza o religión.

9 _____ Muchos inmigrantes alemanes, franceses e italianos plantaron viñedos.

10 _____ A finales del siglo XIX y comienzos del siglo XX, muchos habitantes de otros estados del país llegaron a California para comenzar una nueva vida.

© Harcourt

NORMAS DE CALIFORNIA HSS 4.4, 4.4.3, 4.4.4

(sigue)

Usar después de leer el Capítulo 8, Lección 1, páginas 314–320.

Tarea y práctica ▪ 83

Nombre _____ Fecha _____

Ian acaba de regresar de unas vacaciones en San Francisco. Presentó en la escuela un reporte sobre uno de los lugares que visitó, el Jardín japonés del té, en el Parque Golden Gate. Lee su reporte y usa la información para responder las preguntas de abajo.

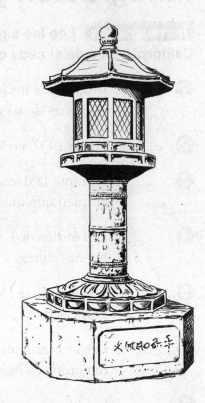

Un hermoso ejemplo de la cultura japonesa en California es el Jardín japonés del té. Está ubicado en el Parque Golden Gate de San Francisco. La idea del jardín surgió a partir de la Exposición Internacional de 1894. Makoto Hagiwara, un inmigrante japonés, quería mostrar su cultura en su nuevo país. El Jardín del té fue el primer jardín japonés de Estados Unidos. Se convirtió en parte permanente del Parque Golden Gate.

En la cultura japonesa, el jardín se considera una de las formas de arte más elevadas. El Jardín del té incluye muchas plantas de origen japonés. Otra de sus principales atracciones es el Farol de la Paz, de 9,000 libras. Los niños de Japón contribuyeron con dinero para comprar el farol y donarlo al jardín.

1 ¿En qué parque está el Jardín japonés del té?

_____

2 ¿Para qué se construyó el Jardín del té?

_____

3 ¿Por qué los jardines se consideran importantes en Japón?

_____

4 ¿Qué tipo de plantas hay en el jardín?

_____

5 ¿Quiénes ayudaron a comprar el Farol de la Paz?

_____

El sur de California crece

INSTRUCCIONES Lee el artículo periodístico de ficción acerca de los últimos años de la década de 1880. Usa los términos de abajo para completar las palabras que faltan en el artículo.

nubes de polvo	puerto
petróleo	embalses
clima	valle del Owens
ganadería	torres de perforación
población	acueducto

¡Auge de población en el sur de California!

Los Angeles— ¡Miles de personas vienen a California! La _____ local

ha aumentado de aproximadamente 11,000 habitantes en 1880 a más de 300,000 en 1910.

Las bajas tarifas de los boletos de tren están atrayendo a muchas personas al oeste. Algunos

confían en que el _____ templado de California los hará más saludables. Para

ayudar a abastecer a los nuevos habitantes, se construyó un _____ en la bahía

de San Pedro. El puerto ayudará a llevar provisiones a Los Angeles.

Bahía de San Pedro

Otra razón de este auge de la población es el descubrimiento de

_____. Cuando las compañías de ferrocarril se dieron cuenta de que el petróleo era más barato y se quemaba más limpiamente que el carbón, se generó una gran demanda de ese combustible. Incluso, algunas personas trataron de buscar petróleo en sus jardines. ¡Esas personas

tienen _____
en su jardín!

Todo este crecimiento ha dificultado el suministro de agua del sur de California. El agua del río Los Angeles

y de los _____, o lagos creados por el hombre, no ha sido suficiente. Para resolver el problema del agua, un gran sistema de tuberías

El acueducto de Los Angeles

y canales, llamado _____, está llevando agua desde el río Owens al sur de California.

La necesidad de agua de Los Angeles ha enojado a los habitantes del

_____. Ellos no sabían que Los Angeles había comprado la mayor parte de las tierras a ambos lados del río Owens. Como Los Angeles controla el suministro, es posible que el agua no alcance para los cultivos y los animales de los habitantes del valle. Algunas personas están tratando de defenderse. Un grupo usó dinamita para perforar un acueducto. Pero los daños se repararon y el agua sigue fluyendo hacia Los Angeles.

Tal vez algún día las tuberías llevarán el agua de regreso al valle. Si se devuelve agua al

lecho del lago seco, se reducirán las _____ y finalmente habrá suficiente agua

para la agricultura y la _____ en esa zona. Tal vez, en el futuro, los habitantes de Los Angeles y los del valle compartirán el agua que ambos necesitan.

© Harcourt

Cambios en el norte de California

INSTRUCCIONES Haz un círculo alrededor de la palabra o expresión que hace correcta cada oración.

1 Un terrible terremoto sacudió San Francisco en 1906 / 1908.

2 Los daños de ese terremoto alcanzaron la suma de casi 100 millones de dólares / casi 500 millones de dólares.

3 Después del terremoto, Amadeo Pietro Giannini ayudó a la gente con préstamos de dinero / alimentos.

4 Después del terremoto, San Francisco se reconstruyó en menos de cinco / diez años.

5 La población de Oakland aumentó más del doble / triple entre 1900 y 1910.

6 Muchos inmigrantes japoneses llegaron a Sacramento para trabajar en las plantaciones de vegetales / frutas.

7 La comunidad japonesa Florin se hizo conocida como la Capital de la Frambuesa/ Capital de la Fresa de California.

8 En 1909, el gobierno de California construyó un sistema de carreteras / un sistema de trenes que facilitaba el movimiento de personas de una ciudad a otra.

9 En 1914, los líderes de San Francisco querían construir un puente / una presa en el río Tuolumne para evitar la escasez de agua.

10 John Muir luchó para proteger el valle Hetch Hetchy de ser quemado / inundado.

© Harcourt

Nombre _____ Fecha _____

Destrezas: Leer una gráfica de barras dobles

INSTRUCCIONES Estudia las gráficas de barras dobles que muestran los cambios en la población de Los Angeles y San Diego, y de San Francisco y Sacramento entre 1870 y 1910. Usa las gráficas para responder las preguntas.

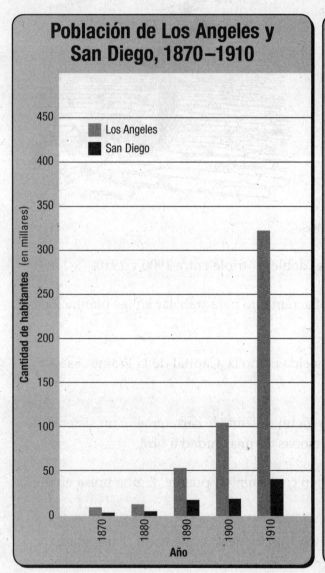

Población de Los Angeles y San Diego, 1870–1910

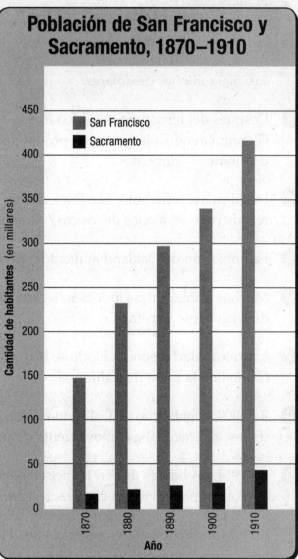

Población de San Francisco y Sacramento, 1870–1910

© Harcourt

NORMAS DE CALIFORNIA HSS 4.4, 4.4.4

(sigue)

Nombre_____ Fecha_____

1 ¿Qué ciudad tenía mayor población en 1870, Los Angeles o San Diego?

_____

_____

2 ¿Aproximadamente cuántas personas más vivían en San Francisco que en Sacramento en 1900?

_____

_____

3 Compara las poblaciones de Los Angeles y San Diego. ¿La población de qué ciudad creció más entre 1880 y 1890?

_____

_____

4 ¿En qué años las cuatro ciudades tuvieron el mayor aumento de población?

_____

_____

5 Estudia los datos de población de cada ciudad entre 1870 y 1910. En general, ¿tuvieron las ciudades del norte o las ciudades del sur la mayor población total?

_____

_____

6 Estudia los datos de población entre 1870 y 1910. Observa la rapidez del aumento de la población en las ciudades a lo largo de los años. En general, ¿mostraron un mayor crecimiento de la población las ciudades del norte o las ciudades del sur?

_____

_____

© Harcourt

Capítulo 8

Nombre _____ Fecha _____

Guía de estudio

INSTRUCCIONES Paul presentó en la escuela un cuento sobre las personas que se mudan a California. Su historia habla de cómo el aumento de la población produjo cambios en el estado. Completa las palabras que faltan en el cuento de Paul. Usa los términos de abajo.

Lección 1	Lección 2	Lección 3
inmigración	petróleo	río Tuolumne
migración	auge	naturalista
prejuicio	torre de perforación	Florin
reserva	acueducto	valle Hetch Hetchy
clima	energía hidroeléctrica	carreteras

Lección 1   En 1872, una familia se mudó de China a San Francisco. Los miembros

de la familia querían tener una vida mejor. No estaban solos. A finales del

siglo XIX y comienzos del siglo XX, la _____ a Estados

Unidos aumentó de manera considerable. Personas de países como Alemania,

Japón, Armenia y Dinamarca se establecieron a lo largo y ancho de California.

Al mismo tiempo, también aumentó la _____ , porque

muchas personas que vivían en Estados Unidos se mudaron a California. Muchos

creían que el _____ templado los ayudaría a mejorar la

salud. Lamentablemente, la nueva familia llegada de China no recibió un trato

justo. Enfrentó la discriminación que surgía del _____ .

Los afroamericanos y los indios tampoco eran tratados bien. El gobierno incluso

intentó obligar a los indios a trasladarse a un territorio apartado, llamado

_____ .

© Harcourt

NORMAS DE CALIFORNIA HSS 4.4, 4.4.3, 4.4.4, 4.4.7

(sigue)

90 ▪ Tarea y práctica   Usar después de leer el Capítulo 8, páginas 314–337.

Nombre _____ Fecha _____

Lección 2   Una familia de Texas también se mudó a California. Esa

familia vivía cerca de Los Angeles. El padre consiguió empleo haciendo

perforaciones para buscar _____. Trabajaba en una

_____ que sostenía una máquina excavadora. El

descubrimiento de petróleo generó un período de rápido crecimiento económico,

es decir, un _____ , en el sur de California. Poco después

de la mudanza de la familia, otros familiares también se mudaron a California para

buscar empleo. Un tío consiguió trabajo en el desierto de Mojave. Ayudó a construir

un _____ que llevaría agua a Los Angeles. La fuerza

del agua se usaba para producir electricidad. La electricidad generada por una

corriente de agua se llama _____ .

Lección 3   En 1905, una familia de Japón se estableció cerca del río Sacramento. La

familia vivía en una comunidad japonesa llamada _____ ,

donde cultivaban fresas. En 1909, la familia viajó a San Francisco para visitar

amigos. El viaje fue muy fácil porque el gobierno acababa de construir un sistema

de _____ . En 1914, el hijo conoció a John Muir, un

famoso _____ . Muir trabajó para impedir la construcción de una

presa en el _____ que causaría la inundación de una parte

del Parque Nacional Yosemite, llamada _____ . A pesar de las

protestas, la presa fue construida. San Francisco tuvo agua, pero el plan enfureció a

muchas personas.

LA LECTURA EN LOS ESTUDIOS SOCIALES:
SACAR CONCLUSIONES

Una economía en crecimiento

INSTRUCCIONES Completa los organizadores gráficos para mostrar que comprendes cómo usar la evidencia y el conocimiento para sacar conclusiones acerca del crecimiento de la economía de California.

Evidencia
Muchos inmigrantes consideraban que California era una tierra de oportunidades.

Conocimiento
Las personas de diferentes culturas pueden aprender entre sí de sus costumbres y sus tradiciones.

Conclusión
_____
_____
_____

Evidencia
A finales del siglo XIX se descubrió petróleo en California.

Conocimiento
La demanda de petróleo aumentó porque se usaba como combustible para automóviles y locomotoras de ferrocarril.

Conclusión
_____
_____
_____

 NORMAS DE CALIFORNIA HSS 4.4, 4.4.3, 4.4.6

Usar después de leer el Capítulo 8, páginas 314–337.

© Harcourt

Comienza un nuevo siglo

INSTRUCCIONES En el espacio en blanco, escribe la palabra o la expresión correcta para completar la oración sobre California a principios del siglo XX. Usa los términos del recuadro.

algodón	películas	canal de Panamá
sobornar	bien de consumo	sufragio
habladas	Primera Guerra Mundial	fábrica de aviones
aviación	enmiendas	automóvil

1 _____ es prometer que se entregará dinero o algún regalo a alguien a cambio de que esa persona haga algo.

2 Los cambios a una constitución se llaman _____ .

3 En 1909, Glenn Martin construyó la primera _____ .

4 En 1911 las mujeres de California obtuvieron el _____ , o derecho al voto.

5 A principios del siglo XX, muchos propietarios de teatros reemplazaron las actuaciones en vivo por _____ .

6 En 1914 se inauguró el _____ , que contribuyó a aumentar el comercio entre California y el resto del mundo.

7 En 1917, después del ataque de Alemania a barcos estadounidenses, Estados Unidos entró en la _____ .

8 Durante la Primera Guerra Mundial, California suministró _____ para los uniformes.

9 La construcción y el vuelo de aviones se llama _____ .

10 A fines de la década de 1920, a las películas sonoras se las llamaba _____ .

11 Hacia 1925, en Los Angeles había un _____ cada tres personas.

12 A un producto fabricado para que las personas lo usen se le llama _____ .

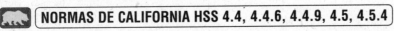

NORMAS DE CALIFORNIA HSS 4.4, 4.4.6, 4.4.9, 4.5, 4.5.4

(sigue)

© Harcourt

Nombre _____ Fecha _____

Lee las declaraciones de abajo. Identifica a la persona que pudo haber dicho cada declaración. Escribe Glenn Martin, Caroline Severance, Hiram Johnson o Louis B. Mayer.

1 "Fui productor de cine, entré en el negocio cuando compré una sala de cine en

1907. Soy _____."

2 "Fui la primera mujer de California en registrarse para votar.

Soy _____."

3 "Fui pionero de la industria de la aviación de California.

Soy _____."

4 "Ayudé a reformar el gobierno de California.

Soy _____."

5 "Construí una fábrica de aviones en Santa Ana.

Soy _____."

6 "Fui uno de los primeros cineastas exitosos.

Soy _____."

7 "Fui elegido gobernador de California.

Soy _____."

8 "Fui líder del movimiento por el

sufragio. Soy _____."

9 "Fundé una compañía, sus iniciales son MGM.

Soy _____."

10 "Bajo mi mandato, los californianos votaron
a favor de 22 enmiendas a la constitución estatal.

Soy _____."

Usar después de leer el Capítulo 9, Lección 1, páginas 358–364.

© Harcourt

Tiempos difíciles para los californianos

INSTRUCCIONES Haz un círculo alrededor de la palabra o frase que haga correcta cada oración.

1 La mayoría de los trabajadores migratorios recibían un salario alto / bajo.

2 Durante la Gran Depresión, las personas tenían poco dinero y el desempleo era bajo / alto.

3 Después de las tormentas de polvo, muchas personas del Dust Bowl se mudaron a California / New York, pero había pocos empleos permanentes.

4 La zona de Estados Unidos afectada por inundaciones / sequías a principios de la década de 1930 se conoció como Dust Bowl.

5 El proyecto del puente Golden Gate tardó cuatro / seis años en completarse.

6 El derrumbe de la bolsa de valores llevó a la Gran Depresión / el Dust Bowl.

7 El Proyecto valle Central ayudó a controlar las inundaciones / tormentas de polvo.

8 El presidente Roosevelt prometió a los estadounidenses un "nuevo trato" / "trato real".

9 Las fotografías de Dorothea Lange influyeron / no influyeron en la decisión del gobierno de ayudar a los trabajadores agrícolas.

10 El libro *Las uvas de la ira*, de John Steinbeck, narraba el trato injusto que se daba a los trabajadores migratorios en el valle de San Joaquin / Dust Bowl.

11 Proyectos como el del puente Golden Gate perjudicaron / beneficiaron a los trabajadores de California.

12 En octubre de 1929, el valor de las acciones bajó tanto que se habló de una caída libre / un derrumbe.

© Harcourt

NORMAS DE CALIFORNIA HSS 4.4, 4.4.5, 4.4.9

(sigue)

Nombre _____ Fecha _____

INSTRUCCIONES Usa el párrafo de abajo para responder las preguntas sobre la vida del escritor John Steinbeck.

John Steinbeck

John Steinbeck nació en Salinas en 1902. En su adolescencia decidió convertirse en escritor. En 1919 ingresó a la Universidad de Stanford, donde estudió hasta 1925.

Los críticos opinan que Steinbeck escribió la mejor parte de su obra de ficción en la década de 1930. Durante ese período, a menudo trabajó en estrecha colaboración con trabajadores migratorios y comenzó a comprender sus problemas. Su libro más conocido, *Las uvas de la ira*, se centra en la vida y los problemas de los trabajadores migratorios. La novela ganó el Premio Pulitzer y el premio National Book.

Durante la Segunda Guerra Mundial, Steinbeck escribió literatura patriótica y trabajó como corresponsal de guerra. Después de la guerra continuó escribiendo. En 1962 obtuvo el Premio Nobel de Literatura. Murió seis años más tarde, en 1968.

1 ¿Cuándo decidió John Steinbeck convertirse en escritor?

_____

_____

2 ¿Cuándo escribió Steinbeck la mejor parte de su obra de ficción?

_____

_____

3 ¿Cuál es el título del libro más conocido de Steinbeck?

_____

4 ¿Qué hizo Steinbeck durante la Segunda Guerra Mundial?

_____

_____

5 ¿Qué premio ganó Steinbeck en 1962?

_____

_____

© Harcourt

Destrezas: Tomar una decisión bien pensada

INSTRUCCIONES Lee los pasos para tomar una decisión bien pensada. Los pasos están desordenados. Escríbelos en el orden correcto.

- Identifica las consecuencias posibles de cada opción. Decide qué opción tendrá mejores consecuencias.

- Haz una lista de opciones que puedan ayudarte a alcanzar tu meta.

- Pon en práctica tu decisión.

- Reúne la información que necesitarás para tomar una buena decisión.

1

2

3

4

© Harcourt

NORMAS DE CALIFORNIA HSS 4.4, 4.4.5

(sigue)

Nombre _____ Fecha _____

Repasa algunas decisiones
que se tomaron durante la Gran Depresión.
Luego, responde las preguntas.

1 El superintendente Leo Hart decidió
construir la escuela Weedpatch. ¿Qué otras
dos opciones pudo haber tenido?

_____

_____

_____

_____

2 ¿Cuáles fueron algunas consecuencias de la
construcción de la escuela Weedpatch?

_____

_____

3 El puente Golden Gate es el resultado visible de una decisión. ¿Qué objetivo perseguía
la construcción del puente Golden Gate?

_____

_____

4 El presidente Roosevelt y el Congreso crearon los programas del Nuevo Trato. ¿Cuál era
el objetivo de esos programas?

_____

_____

5 ¿Qué otras dos opciones pudieron haber tenido el presidente y el Congreso al crear el
Nuevo Trato y sus programas?

_____

_____

_____

© Harcourt

California y la Segunda Guerra Mundial

INSTRUCCIONES Estudia el cartel de la Segunda Guerra Mundial. Luego, responde las preguntas.

Cuando Estados Unidos entró en la Segunda Guerra Mundial en 1941, una enorme cantidad de estadounidenses se unieron a las fuerzas armadas. Se necesitaban trabajadores para reemplazar a los que habían ido a la guerra. Muchas personas, sobre todo las mujeres, comenzaron a trabajar en fábricas, acerías, astilleros y oficinas para apoyar el esfuerzo de la guerra.

Los californianos que se quedaron también jugaron un papel importante durante la Segunda Guerra Mundial. En California se construyeron nuevas bases militares donde los soldados se entrenaban para el combate. La población comprendió que era necesario racionar la comida para que los miembros de las fuerzas armadas tuvieran alimentos suficientes. Los niños ayudaban recolectando metal, hule y papel para reciclar.

1 ¿A qué se refiere este cartel? _____

_____

_____

2 ¿Para qué se hacían carteles como este? _____

_____

_____

3 ¿Por qué era importante ese mensaje? _____

_____

_____

_____

4 ¿Qué detalles del cartel refuerzan el mensaje? _____

_____

_____

© Harcourt

CALIFORNIA STANDARDS HSS 4.4, 4.4.5

(sigue)

Nombre _____ Fecha _____

Describe qué efecto tuvo la Segunda
Guerra Mundial sobre cada grupo de californianos.

1 ¿Qué efecto tuvo la guerra sobre los japoneses
americanos?

_____

_____

_____

_____

**Insignia de la Segunda
Guerra Mundial del
equipo de combate del
Regimiento 442**

2 ¿Qué efecto tuvo la guerra sobre los afroamericanos?

_____

_____

_____

3 ¿Qué efecto tuvo la guerra sobre los trabajadores agrícolas mexicanos?

_____

_____

_____

4 ¿Qué efecto tuvo la guerra sobre las mujeres?

_____

_____

_____

_____

© Harcourt

Capítulo 9

Nombre _____ Fecha _____

Guía de estudio

INSTRUCCIONES Durante una reunión familiar, tu abuela cuenta historias sobre la vida en los tiempos de la Gran Depresión y la Segunda Guerra Mundial. Luego, decides conocer más acerca de esos eventos para incluirlos en un libro de la historia familiar. Usa las palabras de las listas de abajo para completar las oraciones.

Lección 1	Lección 2	Lección 3
sobornos	acciones	pertrechos
reformar	depresión	escasez
sufragio	desempleo	braceros
enmiendas	trabajadores migratorios	reciclar
aviación	Dust Bowl	campos de reasentamiento

Lección 1 A principios del siglo XX, California era un lugar emocionante. Bajo el mandato del gobernador Hiram Johnson, los californianos votaron a favor de 22

_____ a la constitución estatal. Esos cambios contribuyeron a

_____ el gobierno estatal. Las grandes empresas ya no pudieron

sacar ventajas ofreciendo _____ a funcionarios. Las mujeres

obtuvieron el _____, o derecho al voto, en elecciones estatales.

La inauguración del canal de Panamá acortó notablemente las rutas de navegación

entre la costa este y California. Después de la Primera Guerra Mundial, la economía

era fuerte. En California surgieron nuevas industrias, como la industria de los

aviones, o _____. Además, comenzaron a fabricarse nuevos

productos. Las personas podían comprar cosas como aspiradoras y automóviles.

Las películas también comenzaron a hacerse populares. ¡Hollywood se convirtió en

la capital mundial del cine!

© Harcourt

🐻 **NORMAS DE CALIFORNIA HSS 4.4, 4.4.4, 4.4.5, 4.4.6** *(sigue)*

Lección 2 La década de 1930 trajo una fuerte _____.

Comenzó en 1929, cuando las participaciones en la propiedad de una compañía,

o sea, las _____, perdieron valor. Como las personas

tenían menos dinero, compraban menos cosas, y muchos negocios quebraron.

Después, fuera de California, muchos estados del centro del país fueron afectados

por una sequía. Esta zona recibió el nombre de _____.

La sequía llevó a algunas familias a abandonar esos estados y mudarse a

California. Sin embargo, como no lograron encontrar empleos permanentes

en California, comenzaron a trasladarse de un lugar a otro para trabajar en las

cosechas. Recibieron el nombre de _____. Muchos

californianos querían impedir la entrada de esos trabajadores al estado porque el

_____ era alto y temían que les quitaran sus empleos.

Lección 3 Estados Unidos entró en la Segunda Guerra Mundial en 1941.

Luego del ataque japonés a Pearl Harbor, la gente tenía miedo. Los japoneses

americanos tuvieron que trasladarse a _____.

Durante la guerra, las fábricas hacían suministros de guerra. Debido a la

_____ de trabajadores locales, muchos vinieron a trabajar a

California. Algunos consiguieron empleo en fábricas, haciendo armas y equipos

militares, o _____. Los trabajadores agrícolas mexicanos, o

_____, realizaron labores agrícolas. Muchas mujeres trabajaron

en fábricas. Hasta los niños ayudaron, recolectando materiales que se podían

_____. Cuando la guerra terminó, en 1945, ¡la vida había

cambiado mucho para los californianos!

© Harcourt

LA LECTURA EN LOS ESTUDIOS SOCIALES: CAUSA Y EFECTO

⭐ (Destreza clave) Crecimiento y cambio

INSTRUCCIONES Completa los organizadores gráficos de abajo para mostrar que comprendes las causas y los efectos del crecimiento y el cambio de California desde comienzos del siglo XX hasta la Segunda Guerra Mundial.

Causa

La bolsa de valores se derrumba el 29 de octubre de 1929.

Efecto

_____

_____

_____

_____

_____

_____

Causa

Estados Unidos entra en la Segunda Guerra Mundial en 1941.

Efecto

_____

_____

_____

_____

_____

_____

© Harcourt

NORMAS DE CALIFORNIA HSS 4.4, 4.4.5; HI 3

Cambios después de la Segunda Guerra Mundial

INSTRUCCIONES Después de la Segunda Guerra Mundial, muchas industrias se volvieron importantes para la economía de California. Piensa acerca de las industrias de California mencionadas en los recuadros de abajo. Escribe una X en el espacio en blanco junto a cada efecto causado por la industria.

Industria automotriz

1 _____ Aumentó el tráfico en las carreteras.

2 _____ La mayoría de las personas se mudaron más cerca de su trabajo.

3 _____ Se construyeron autopistas.

4 _____ Surgieron suburbios.

5 _____ A los trabajadores se les hizo imposible viajar al trabajo.

Industria de la computación

6 _____ Se abrieron menos compañías electrónicas de tecnología avanzada.

7 _____ Se inventó el chip de silicio.

8 _____ Las computadoras se volvieron menos costosas.

9 _____ Se hicieron posibles los viajes espaciales.

10 _____ Las computadoras se volvieron más pequeñas y más rápidas.

© Harcourt

 NORMAS DE CALIFORNIA HSS 4.4, 4.4.5, 4.4.6; HI 3 *(sigue)*

Industria aeroespacial

11 _____ Ayudó a desarrollar mejores motores de cohete.

12 _____ Ayudó a reducir el tráfico en las autopistas.

13 _____ Instaló motores a chorro en la mayor parte de los automóviles.

14 _____ Mejoró los viajes aéreos.

15 _____ Ayudó a los estadounidenses a descender en la luna.

INSTRUCCIONES **Elige un empleo en alguna de las industrias. Redacta un breve anuncio de empleo con cuatro oraciones que describan por qué es emocionante realizar ese trabajo en California.**

¡Se busca empleado!

Título del anuncio: _____

¡Trabaje en la industria _____ !

Motivo 1: _____

_____

_____

Motivo 2: _____

_____

Motivo 3: _____

_____

Motivo 4: _____

_____

¡Trabajar en California es estupendo!

Nombre _____ Fecha _____

Destrezas: Leer un mapa de carreteras

INSTRUCCIONES Observa el mapa del área de la bahía de San Francisco que se muestra abajo. Usa el mapa para responder las preguntas de la página siguiente.

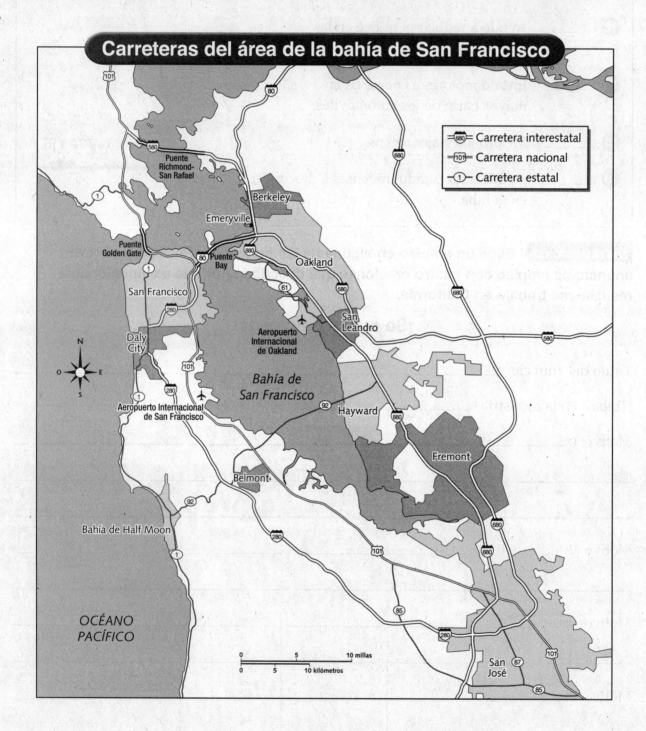

Carreteras del área de la bahía de San Francisco

NORMAS DE CALIFORNIA CS 4   *(sigue)*

106 ■ **Tarea y práctica**   Usar después de leer el Capítulo 10, Lección de destreza, páginas 398–399.

1 ¿Qué carretera pasa por el Aeropuerto Internacional de San Francisco?

_____

_____

2 ¿Qué carretera está más cerca del Aeropuerto Internacional de Oakland?

_____

_____

3 ¿Aproximadamente cuántas millas hay desde Daly City hasta Belmont por la Carretera Interestatal 280?

_____

_____

4 ¿En qué carretera interestatal está el puente Bay?

_____

_____

5 ¿Qué carretera tomarías para ir desde Belmont hasta Hayward?

_____

_____

6 Si viajaras al este por la Carretera Estatal 85, ¿qué carreteras tomarías para ir desde el área de San Jose hasta el área de San Leandro?

_____

_____

7 ¿Cómo viajarías desde Emeryville hasta la bahía de Half Moon?

_____

_____

8 ¿Cómo viajarías desde la bahía de Half Moon hasta San Jose?

_____

_____

© Harcourt

Derechos para todos los californianos

INSTRUCCIONES Lee la siguiente información sobre el caso *Mendez vs. Westminster* y su efecto en las escuelas. Luego, organiza la información en la línea cronológica de la página siguiente.

En 1896, la Corte Suprema de Estados Unidos falló a favor de una ley que permitía la segregación en los espacios públicos, siempre y cuando las instalaciones respetaran la idea de "separado pero igual". El fallo afirmaba que era correcto que los trenes tuvieran vagones separados para los afroamericanos, con la condición de que los vagones fueran iguales a los de la gente blanca. Esa idea de "separado pero igual" se aplicó entonces a todos los aspectos de la vida, incluyendo las escuelas. Los afroamericanos no eran el único grupo al que ese fallo afectó. Los mexicanos americanos y otros grupos también padecieron la idea de "separado pero igual". Para muchas personas, esa segregación era una forma de discriminación.

Gonzalo Mendez y otros cuatro padres de familia mexicanos americanos decidieron luchar contra ese fallo. Consideraban que los niños de origen latino no debían verse obligados a asistir a una escuela separada. En marzo de 1945, presentaron una demanda en el tribunal federal de Los Angeles. El caso se conoció como *Mendez vs. Westminster*.

En febrero de 1946, el juez Paul J. McCormick dictaminó que Mendez y los otros padres tenían razón. En junio de 1947, el gobernador de California Earl Warren firmó una nueva ley que había sido aprobada por la legislatura estatal. La nueva ley decía que el fallo "separado pero igual" ya no podía aplicarse en las escuelas de California.

Mendez vs. Westminster también afectó a los afroamericanos. En febrero de 1951, los padres de 20 estudiantes afroamericanos de Topeka, en Kansas, presentaron una demanda para poner fin a la segregación en las escuelas de la zona. Este caso se llamó *Brown vs. Consejo de Educación de Topeka*. Finalmente, la demanda llegó a la Corte Suprema. Los padres argumentaban que las escuelas separadas hacían que los niños se sintieran diferentes de sus compañeros. Ese era el mismo argumento de *Mendez vs. Westminster*. En mayo de 1954, todos los magistrados de la Corte Suprema decidieron que los padres tenían razón. La corte dijo que la idea de "separado pero igual" violaba la Decimocuarta Enmienda a la Constitución, que establece que todos los ciudadanos deben recibir el mismo trato. La corte dijo que la segregación en las escuelas debía terminar. Pronto, otros estados se sumaron a California al sostener que la idea "separado pero igual" era ilegal en las escuelas.

© Harcourt

🐻 **NORMAS DE CALIFORNIA HSS 4.4, 4.4.8; CS 1**   *(sigue)*

- El gobernador de California Earl Warren firma una ley que dice que la regla de "separado pero igual" ya no puede aplicarse en las escuelas de California.

- La Corte Suprema dictamina que las escuelas "separadas pero iguales" son contrarias a la Decimocuarta Enmienda.

- El caso *Brown vs. Consejo de Educación de Topeka* es llevado a las cortes.

- Gonzalo Mendez y otros cuatro padres de familia mexicanos americanos presentan una demanda en el caso *Mendez v. Westminster*.

- El juez Paul J. McCormick dictamina que Mendez y los otros padres tienen razón.

Un estado diverso

INSTRUCCIONES Haz un círculo alrededor de la palabra o frase que haga correcta cada oración.

1 Todas las personas nacidas en Estados Unidos son ciudadanos / inmigrantes de Estados Unidos.

2 Las diversas culturas de los inmigrantes han transformado a California en un estado multicultural / unicultural.

3 La cultura incluye el idioma, las comidas y las creencias religiosas / clases que uno toma en la escuela.

4 El Festival Punjabi Americano celebra el patrimonio cultural del pueblo de Camboya / India.

5 Muchos punjabíes pertenecen a la religión judía / sikh.

6 El festival Cinco de Mayo celebra el patrimonio cultural mexicano / vietnamita.

7 La Celebración Celta honra el patrimonio cultural de personas de Escocia, Gales e Irlanda / Laos.

8 En Los Angeles, el Día del Violín / Tambor de las Torres Watts se enfoca en un solo instrumento musical.

9 El Día de la Ciudadanía se celebra el 4 de julio / 17 de septiembre.

10 El gobierno aprobó leyes que hacen más difícil / más fácil que los inmigrantes ilegales permanezcan en Estados Unidos.

© Harcourt

NORMAS DE CALIFORNIA HSS 4.4, 4.4.4

(sigue)

Nombre _____ Fecha _____

INSTRUCCIONES Usa la información de abajo para
completar las oraciones o responder las preguntas.

Cuando los inmigrantes chinos llegaron a California
durante la fiebre del oro trajeron consigo muchas de sus
tradiciones. Una de esas tradiciones es el Festival de Mediados
de Otoño, o Festival de la Luna. El festival tiene más de 1,000
años de antigüedad y es celebrado por las comunidades
asiáticas de todo el mundo. Aunque la fecha del festival

Pasteles de la luna

cambia cada año, siempre se realiza en otoño, durante una luna llena. En la cultura china, la luna
llena es un símbolo de reunión.

El Festival de Mediados de Otoño celebra la temporada de cosecha y es una oportunidad
para que las familias se reúnan. Durante el festival, las familias vuelven a la casa de sus padres
para compartir una gran comida. Durante esa celebración, se come un platillo especial llamado
pastel de la luna. Los pasteles de la luna son pequeñas masas redondas con una costra hojaldrada
dorada. Se hacen al horno y se rellenan con dulce de nueces, puré de frijoles rojos, pasta de
semilla de loto o dátiles chinos. Los pasteles de la luna se ofrecen como regalos.

Las personas que no pueden volver a casa también pueden celebrar el Festival de Mediados
de Otoño. Pueden salir al aire libre, mirar la luna llena y recordar a su familia.

1 El Festival de Mediados de Otoño también es llamado _____ .

2 El Festival de Mediados de Otoño tiene más de _____ años de

antigüedad.

3 ¿Qué son los pasteles de la luna?

_____

_____

4 ¿Qué pueden hacer las personas para celebrar el festival si no están con sus familias?

_____

_____

5 ¿En qué se parecen el Festival de Mediados de Otoño y el Día de Acción de Gracias?

_____

_____

© Harcourt

Usar después de leer el Capítulo 10, Lección 3, páginas 406–409.   **Tarea y práctica ▪ 111**

Guía de estudio

INSTRUCCIONES Usa las palabras y los términos de abajo para completar el reporte de Janelle sobre el Día de la Ciudadanía.

Lección 1		Lección 2	Lección 3
tecnología	chip de silicio	boicot	multicultural
autopista	aeroespacial	segregación	grupo étnico
viajar al trabajo	diversificada	derechos civiles	patrimonio cultural
expansión urbana	Fremont	sindicato laboral	cultura
tecnología avanzada	Pasadena	huelga	festivales

Lección 1   Después de la Segunda Guerra Mundial, como la automotriz y la

electrónica crecieron. ¡Una fábrica de automóviles de _____

construyó 5 millones de vehículos! Las nuevas industrias llevaron a la construcción

de comunidades enteras ubicadas lejos de los centros urbanos, lo que causó

una _____. Los trabajadores podían _____

por una carretera de varios carriles, llamada _____. El rápido

crecimiento de las nuevas industrias hizo que la economía de California se volviera

más _____. Solo en el área de San Francisco se abrieron más de 200

compañías electrónicas de _____ que apoyaban a las nuevas

industrias de computación y de aviación. La _____ de computación

ayudó a que los estadounidenses descendieran en la luna. El Laboratorio de

Propulsión a Chorro de _____ se convirtió en líder de la industria

_____. La invención del _____ ayudó a la industria

de la computación.

© Harcourt

NORMAS DE CALIFORNIA HSS 4.4, 4.4.4, 4.4.5, 4.4.6, 4.4.8   *(sigue)*

Lección 2   Californianos de diversos orígenes han trabajado mucho para proteger

lo que la Constitución de Estados Unidos garantiza: los _____ de

los ciudadanos. A los padres de Sylvia Mendez les molestaba que su hija tuviera

que ir a una escuela separada. Entablaron una demanda y ganaron el caso contra

la _____ escolar. César Chávez y Dolores Huerta querían ayudar

a los trabajadores agrícolas migratorios. Organizaron un _____

de trabajadores agrícolas. Chávez alentó a los trabajadores a dejar de trabajar si el

empleador era injusto. Encabezó una _____ de los recolectores de

uva. Además, organizó un _____ al consumo de uvas hasta que se

solucionara el problema. Otras personas han continuado la lucha por la igualdad.

Lección 3   Los californianos provienen de todas partes del mundo. Los miembros

de cada _____ trajeron los modos de vida de su antiguo hogar para

compartirlos en su nuevo país. Esos modos de vida, que incluyen idioma, comidas

y creencias religiosas que tienen en común, conforman la _____

del grupo. Cuando los modos de vida se transmiten de generación en generación,

constituyen el _____ de un grupo. Los inmigrantes contribuyen

a hacer de California un estado _____ . Cada año, en muchas

ciudades de California hay _____ , o celebraciones culturales. Estos

festivales contribuyen a que California sea un lugar especial para vivir.

Nombre _____   Fecha _____

LA LECTURA EN LOS ESTUDIOS SOCIALES: CAUSA Y EFECTO

Destreza clave ## Hacia los tiempos modernos

INSTRUCCIONES   Completa el organizador gráfico de abajo para mostrar que comprendes las causas y los efectos de los eventos clave que dieron forma a California durante la segunda mitad del siglo, después de la Segunda Guerra Mundial.

Causa		Efecto
Los trabajadores que llegan a California durante la guerra deciden quedarse.	→	

Causa		Efecto
Algunos grupos de California enfrentan la discriminación.	→	

 NORMAS DE CALIFORNIA HSS 4.4, 4.4.4, 4.4.6, 4.4.8

© Harcourt

Nombre _____ Fecha _____

Una economía moderna

INSTRUCCIONES Usa la tabla para responder las preguntas de abajo.

Los diez destinos principales de las exportaciones agrícolas de California, 2002			
Posición	País/Región	Valor de las exportaciones (en millones)	Principales productos de exportación
1	Canadá	$1,199	lechuga, tomate procesado, uvas
2	Unión Europea	$1,128	almendras, vino, nueces
3	Japón	$905	arroz, almendras, heno
4	China/Hong Kong	$345	uvas, naranjas, algodón
5	México	$293	productos lácteos, uvas, tomate procesado
6	Corea	$274	naranjas, carne vacuna, algodón
7	Taiwan	$212	algodón, duraznos y nectarinas, arroz
8	Indonesia	$101	algodón, uvas, productos lácteos
9	India	$94	almendras, algodón, uvas
10	Malasia	$60	uvas, naranjas, almendras

Fuente: California Department of Food and Agriculture

1 ¿Cuáles son los principales productos de exportación de California a China/Hong Kong?

_____

2 ¿Cuáles son los principales productos de exportación de California a Taiwan?

_____

3 ¿Cuál fue el valor de las exportaciones a Japón en 2002?

_____

4 ¿Cuántos de los diez destinos principales reciben almendras de California?

_____

5 ¿A qué países/regiones exporta California algodón?

_____

_____

© Harcourt

NORMAS DE CALIFORNIA HSS 4.4, 4.4.6

Destrezas: Leer un mapa de uso de la tierra y productos

INSTRUCCIONES Usa el mapa de uso de la tierra y productos para responder las preguntas de la página siguiente.

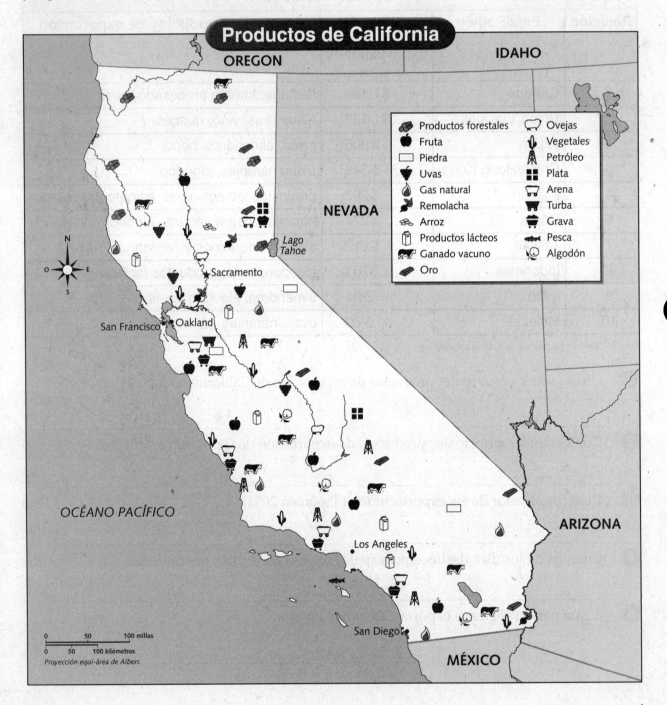

Productos de California

Leyenda:
- Productos forestales
- Fruta
- Piedra
- Uvas
- Gas natural
- Remolacha
- Arroz
- Productos lácteos
- Ganado vacuno
- Oro
- Ovejas
- Vegetales
- Petróleo
- Plata
- Arena
- Turba
- Grava
- Pesca
- Algodón

OREGON — IDAHO — NEVADA — ARIZONA — MÉXICO

Lago Tahoe · Sacramento · San Francisco · Oakland · Los Angeles · San Diego

OCÉANO PACÍFICO

0   50   100 millas
0   50   100 kilómetros
Proyección equi-área de Albers

© Harcourt

NORMAS DE CALIFORNIA HSS 4.4, 4.4.6; CS 4   *(sigue)*

Nombre _____ Fecha _____

1 ¿Cómo se representan los diversos productos en un mapa de productos?

_____

2 ¿Qué símbolo representa los productos lácteos?

_____

3 ¿Qué símbolo representa el gas natural?

_____

4 La turba es un tipo de tierra formada con tierra, agua y pasto. ¿En qué parte de California está la mayor cantidad de turba?

_____

5 ¿Qué animal de granja se cría en las tierras ubicadas al norte de Sacramento?

_____

6 ¿Qué tipo de combustible hay al sur de Los Angeles?

_____

7 ¿Qué área del estado produce la mayor parte de los productos forestales?

_____

8 ¿Qué cinco productos hay en el área más próxima a la frontera entre California y México?

_____

9 ¿Qué área del estado produce la mayor parte de los alimentos?

_____

10 ¿Qué productos hay dentro de un área de 50 millas alrededor del lago Tahoe?

_____

_____

El estado de las artes

INSTRUCCIONES **Lee los párrafos de abajo. Usa la información para responder las preguntas de la página siguiente.**

Walt Disney es uno de los nombres más famosos en la historia de los dibujos animados. Fue el primero en agregar sonido a sus cortometrajes animados. También fue el primero en producir un largometraje de dibujos animados.

La mayoría de las películas más conocidas de los estudios Disney se hicieron usando la técnica de animación en hojas transparentes de celuloide. El celuloide fue el primer material usado para hacer dibujos animados. En la animación en hojas de celuloide intervienen numerosos artistas. Un diagramador decide qué fondos, o escenarios, hacen falta y qué apariencia y movimientos tendrá cada personaje. Un artista dibuja los escenarios de la película. Los animadores dibujan a los personajes. Cada dibujo es ligeramente distinto del anterior. Cuando los dibujos se muestran en orden, uno tras otro, de manera muy rápida, parece que el personaje se mueve exactamente igual que una persona o un animal.

Luego, un grupo de artistas debe trazar los dibujos en hojas de celuloide, o láminas transparentes de película. Las hojas de celuloide se ordenan con los escenarios correspondientes y a continuación se toman fotografías de cada cuadro, o fotograma. Por último se agrega una banda de sonido, es decir, la música de fondo y las voces de los personajes. Entonces la película está lista.

Hoy, se usan computadoras para hacer la mayoría de los dibujos animados. Aunque las computadoras pueden acelerar las cosas, el proceso todavía toma un tiempo largo. Un gran sistema de computadoras tarda aproximadamente 6 horas para hacer un solo cuadro. Cuando vemos la película, un cuadro dura solamente 1/24 de segundo en la pantalla. ¡Hacer algunos cuadros puede llevar hasta 90 horas!

Ver películas de dibujos animados puede ser muy divertido, porque no están limitadas por el mundo real. Pero tanto los animadores que usan hojas de celuloide como los que usan computadoras saben que crear unas cuantas horas de magia cinematográfica puede llevar meses.

© Harcourt

NORMAS DE CALIFORNIA HSS 4.4, 4.4.9 *(sigue)*

118 ■ **Tarea y práctica**   Usar después de leer el Capítulo 11, Lección 2, páginas 438–442.

1 ¿Qué cineasta de California produjo el primer largometraje de dibujos animados?

_____

2 ¿Qué tipo de animación usó el estudio Disney para hacer la mayoría de sus películas más célebres?

_____

_____

3 ¿Qué tipos de artistas se necesitan para hacer animación en hojas de celuloide?

_____

_____

4 ¿Cuánto tiempo lleva hacer un cuadro animado por computadora?

_____

_____

5 ¿Te parece difícil o fácil hacer una película animada? Explica tu respuesta con la información que aprendiste en la lectura.

_____

_____

_____

 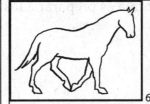 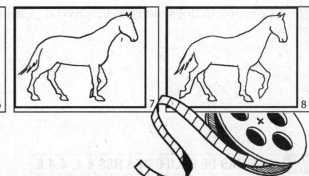

La educación en California

INSTRUCCIONES Usa las palabras o frases del recuadro para completar las siguientes oraciones sobre la educación en California.

más grande	Alta California
escuelas privadas	San Francisco
universidades	escuelas públicas
600,000	9,000
escuela secundaria	futuro

1 En California hay casi _____ escuelas públicas.

2 La primera constitución de California estableció la creación de un sistema de

_____ estatales para que los estudiantes asistan al finalizar la escuela secundaria.

3 Las _____ se financian principalmente con los impuestos de la ciudad y del estado.

4 En 1850 se inauguró en _____ la primera escuela pública financiada con los impuestos de la ciudad.

5 Por lo general, las _____ son financiadas por individuos o grupos privados.

6 La primera _____ pública de San Francisco se inauguró en 1856.

7 En California han existido escuelas privadas desde la época en que los españoles

gobernaban _____ .

8 California tiene el sistema universitario _____ de Estados Unidos.

9 Más de _____ estudiantes de California asisten a escuelas privadas.

10 El propósito del sistema educativo de California es preparar a los estudiantes para el

_____ .

NORMAS DE CALIFORNIA HSS 4.4, 4.4.8

© Harcourt

Nombre _____ Fecha _____

Superar los desafíos

INSTRUCCIONES Indica si cada recurso es renovable *(R)* o no renovable *(N)*.

1 _____ oro

2 _____ petróleo

3 _____ árboles

4 _____ carbón

5 _____ agua

INSTRUCCIONES Traza una recta uniendo cada término con su definición.

6 déficit

7 contaminación

8 conservación

9 crisis de energía

10 planeamiento a largo plazo

la protección y el uso prudente de los recursos naturales

la consecuencia de un estado que ha gastado más dinero del que tiene

tomar decisiones que influirán en la vida futura

todo aquello que ensucia o inutiliza un recurso natural

lo que ocurre cuando no hay suficiente energía eléctrica para satisfacer la demanda

© Harcourt

NORMAS DE CALIFORNIA HSS 4.1

Destrezas: Resolver un problema

INSTRUCCIONES Vuelve a leer los pasos para resolver un problema. Luego, responde las preguntas.

1 Una ciudad con mucho tráfico tiene un alto nivel de contaminación del aire. Identifica el problema.

_____

2 Imagina que hay una escasez de energía porque se usa mucha electricidad. Ahora imagina que hay una interrupción en su suministro después de un terremoto. ¿Son las causas por las que falta energía las mismas? Explica tu respuesta.

_____

_____

3 Algunos tipos de escasez pueden prevenirse por medio de la conservación. ¿Cuáles son algunas ventajas y desventajas de la conservación?

_____

_____

_____

4 Los automóviles consumen gas y petróleo, que son recursos no renovables. ¿Cuáles son algunas soluciones posibles a ese problema?

_____

_____

_____

5 En un bosque se han talado muchos árboles. ¿Cuál podría ser una solución?

_____

_____

NORMAS DE CALIFORNIA HSS 4.1; HI 4 *(sigue)*

122 ▪ **Tarea y práctica**   Usar después de leer el Capítulo 11, Lección de destreza, páginas 454–455.

© Harcourt

INSTRUCCIONES Imagina que vives en el sur de California durante un período de escasez de agua. Quieres ayudar a conservar el agua en tus actividades diarias. Sabes que usas mucha agua todos los días cuando te bañas y llenas la tina casi por completo. Tienes una ducha y sabes que las duchas breves consumen menos agua que los baños en tina. ¿Qué podrías hacer para ahorrar agua y, al mismo tiempo, estar limpio? Usa las preguntas de abajo para resolver el problema.

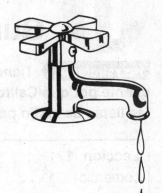

1 ¿Cuál es el problema?

_____

_____

2 ¿Puedes identificar la causa o causas del problema? Explica tu respuesta.

_____

_____

_____

3 ¿Cuáles son algunas posibles soluciones al problema?

_____

_____

_____

4 ¿Cuáles son algunas ventajas y desventajas de cada solución?

_____

_____

_____

5 Elige la mejor solución. ¿Cómo pondrás en práctica tu solución?

_____

_____

_____

Capítulo 11

Nombre _____ Fecha _____

Guía de estudio

INSTRUCCIONES Tienes una idea para diseñar un folleto de la Cámara de Comercio que cuente por qué California es conocido como el "estado dorado". Usa los términos de las listas de abajo para completar este folleto.

Lección 1	Lección 2	Lección 3	Lección 4
comercio internacional	efectos especiales	públicas	planeamiento a largo plazo
importaciones	arquitectos	privadas	conservación
interdependencia	Los Angeles	futuro	renovable
procesamiento de alimentos	San Francisco	educación	no renovable
turismo	San Diego	constitución	déficit

Lección 1   ¡Bienvenidos a California, el "estado dorado"! A menudo las personas

consideran que California es solo un lugar para ir de vacaciones. La industria

del _____ es solo una de las industrias que

contribuyen a la economía de California. La industria agrícola es otra industria

importante. El _____

es una parte importante de esa industria. Las relaciones comerciales crean

_____ entre California y las personas de otros

países. California recibe _____ del exterior y

envía exportaciones de muchos productos. La ubicación del estado en las costas del

océano Pacífico lo hace ideal para el _____ .

NORMAS DE CALIFORNIA HSS 4.4, 4.4.6, 4.4.8, 4.4.9   (*sigue*)

124 ▪ **Tarea y práctica**   Usar después de leer el Capítulo 11, páginas 430–455.

© Harcourt

Nombre _____ Fecha _____

Lección 2   California es célebre por su industria cinematográfica, donde las

fantasías parecen reales gracias al uso de _____ . ¡Pero el

cine no es el único arte de California! En la ciudad de _____

está el Centro J. Paul Getty, donde los visitantes pueden admirar grandes

obras de arte. _____ como Julia Morgan han dejado

su huella en los grandes edificios que diseñaron. El Centro Cultural de

la Raza, en _____ , el Museo de Arte Asiático, en

_____ , y el Museo Estatal del Indio de California, en

Sacramento, exhiben las obras de grandes artistas.

Lección 3   Ninguna de las aportaciones de California habría sido posible sin la

_____ . La primera _____ de California

estableció la creación de escuelas públicas. El delegado Robert Semple sabía

que una buena educación es importante para preparar a los estudiantes para el

_____ . Las escuelas _____ (financiadas

con impuestos) así como las escuelas _____ (financiadas

por individuos y grupos) contribuyen a que los habitantes de California reciban

educación.

Lección 4   Los californianos enfrentan muchos desafíos, especialmente la

escasez de energía. El _____ ayuda a prevenir

la escasez, o _____ , de recursos, tanto para los recursos

_____ (que pueden volver a generarse) como para los recursos

_____ (que no pueden volver a generarse). Los californianos

practican la _____ para proteger los recursos. Esa es una manera

de contribuir con la sociedad.

Usar después de leer el Capítulo 11, páginas 430–455.   **Tarea y práctica ▪ 125**

© Harcourt

LA LECTURA EN LOS ESTUDIOS SOCIALES: RESUMIR

 El estado dorado

INSTRUCCIONES Completa este organizador gráfico para mostrar que comprendes cómo hacer un resumen acerca de las industrias, las actividades y las instituciones de California.

Dato clave	Resumen
California tiene una poderosa economía basada en el comercio internacional, en la agricultura y en las industrias de tecnología avanzada y de servicios.	_____ _____ _____ _____ _____ _____
El sistema educativo de California prepara a los estudiantes para el futuro.	

Dato clave	Resumen
Los californianos enfrentan la escasez de energía.	_____ _____ _____ _____
Los californianos buscan maneras de usar los recursos renovables.	

NORMAS DE CALIFORNIA HSS 4.4, 4.4.6, 4.4.8

© Harcourt

Un plan de gobierno

INSTRUCCIONES Haz un círculo alrededor de la palabra o el término que haga correcta cada oración.

1 Las primeras diez enmiendas a la Constitución de Estados Unidos se conocen como Declaración de Derechos / Preámbulo.

2 El Congreso es el poder legislativo / judicial del gobierno federal.

3 El gobierno federal tiene su sede en Sacramento / Washington, D.C.

4 El Congreso de Estados Unidos hace leyes para todo el país / estado de California.

5 El gabinete es un grupo integrado por los consejeros / senadores más importantes del presidente.

6 Los magistrados de la Corte Suprema ocupan el cargo durante 10 años / toda su vida.

7 El comercio entre estados es administrado por el gobierno federal / estatal.

8 Un reembolso / impuesto es dinero que un gobierno recauda de sus ciudadanos, generalmente para pagar servicios.

9 El gobierno federal y el gobierno estatal están divididos en dos / tres poderes.

10 Tres / Cinco californianos han sido elegidos presidentes.

11 La Cámara de Representantes de Estados Unidos tiene 100 / 435 miembros.

12 El estado que tiene más representantes en la Cámara de Representantes de Estados Unidos es California / New York.

13 Solamente el gobierno estatal / gobierno federal tiene la facultad de declarar la guerra a otra nación.

© Harcourt

NORMAS DE CALIFORNIA HSS 4.5, 4.5.1, 4.5.3

(sigue)

Nombre _____ Fecha _____

INSTRUCCIONES Lee la siguiente lista de responsabilidades. Identifica si la responsabilidad corresponde al gobierno federal *(F)*, estatal *(E)* o local *(L)*.

1 _____ Recauda impuestos a la propiedad de viviendas, empresas y granjas

2 _____ Emite licencias de conducir

3 _____ Imprime dinero

4 _____ Controla el comercio dentro del estado

5 _____ Abre oficinas de correo

6 _____ Se encarga de los embalses y canales que acopian y transportan agua

7 _____ Aprueba leyes que se aplican a los habitantes de una ciudad en particular

8 _____ Se encarga de las tuberías de agua de una región específica

9 _____ Fija normas nacionales para la calidad del aire

10 _____ Recauda dinero a través de impuestos a las ventas

11 _____ Se encarga del cuidado de los parques nacionales y sitios históricos

12 _____ Administra el comercio entre Estados Unidos y otros países

13 _____ Aprueba leyes que solo aplican a las personas que viven en California

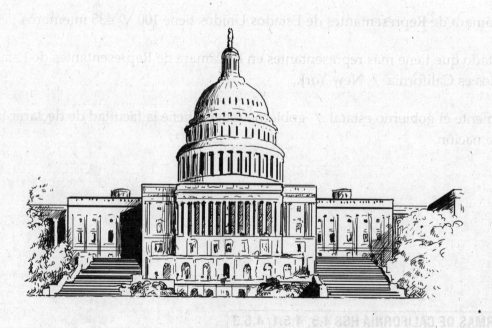

© Harcourt

El gobierno estatal de California

INSTRUCCIONES Compara y contrasta la Constitución de Estados Unidos con la Constitución de California. Usa los términos de la lista de abajo para completar el diagrama. Escribe el término que corresponda en el área correcta. Usa cada término o palabra una sola vez. Recuerda que los términos escritos donde los dos círculos se entrecruzan corresponden a ambas constituciones.

poder ejecutivo	referéndum
Declaración de Derechos nacional	redactada en 1787
poder judicial	ley suprema de la nación
Declaración de Derechos estatal	destitución de funcionarios
iniciativas	poder legislativo

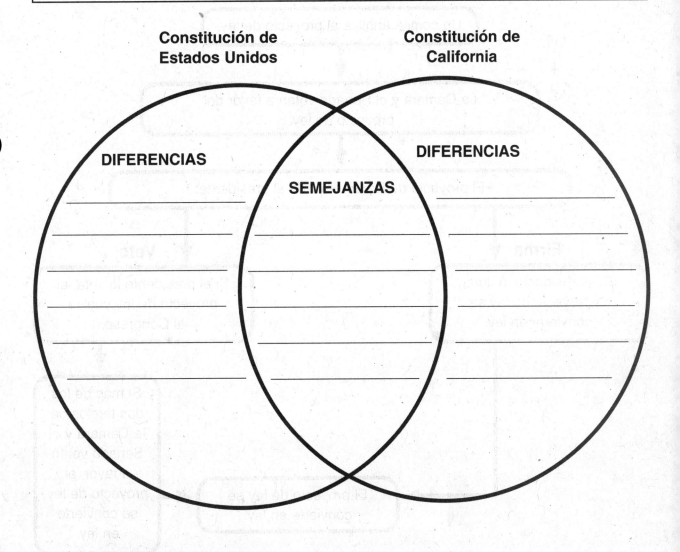

Constitución de Estados Unidos

Constitución de California

DIFERENCIAS

SEMEJANZAS

DIFERENCIAS

 NORMAS DE CALIFORNIA HSS 4.5, 4.5.1, 4.5.2, 4.5.3, 4.5.4

© Harcourt

Nombre _____ Fecha _____

Destrezas: Leer un organigrama

INSTRUCCIONES Estudia el organigrama de abajo. El organigrama explica cómo un proyecto de ley se convierte en ley federal. Úsalo para responder las preguntas de la página siguiente.

Cómo un proyecto de ley se convierte en ley federal

Un proyecto de ley se presenta en el Senado o en la Cámara de Representantes.

Comité

Un comité analiza el proyecto de ley.

La Cámara y el Senado votan a favor del proyecto de ley.

El proyecto de ley es enviado al presidente.

Firma

Si el presidente lo firma, el proyecto de ley se convierte en ley.

Veto

Si el presidente lo veta, el proyecto de ley vuelve al Congreso.

Si más de los dos tercios de la Cámara y el Senado votan a favor, el proyecto de ley se convierte en ley.

El proyecto de ley se convierte en ley.

© Harcourt

NORMAS DE CALIFORNIA HSS 4.5, 4.5.3, 4.5.4   *(sigue)*

Usar después de leer el Capítulo 12, Lección de destreza, páginas 478–479.

1 ¿Dónde se presenta un proyecto de ley?

_____

2 ¿Cuál es el paso que sigue a la presentación del proyecto de ley?

_____

_____

3 ¿Quiénes deben votar a favor del proyecto de ley antes de que sea enviado al presidente de Estados Unidos?

_____

_____

4 ¿Qué ocurre si el presidente firma el proyecto de ley?

_____

5 Compara este organigrama con el de las páginas 478–479 de tu libro de texto. ¿Cómo puede convertirse en ley un proyecto de ley que ha sido vetado por el presidente de Estados Unidos o el gobernador de California?

_____

_____

© Harcourt

Los gobiernos locales

INSTRUCCIONES   Relaciona la forma de gobierno local con la persona o grupo que la representa.

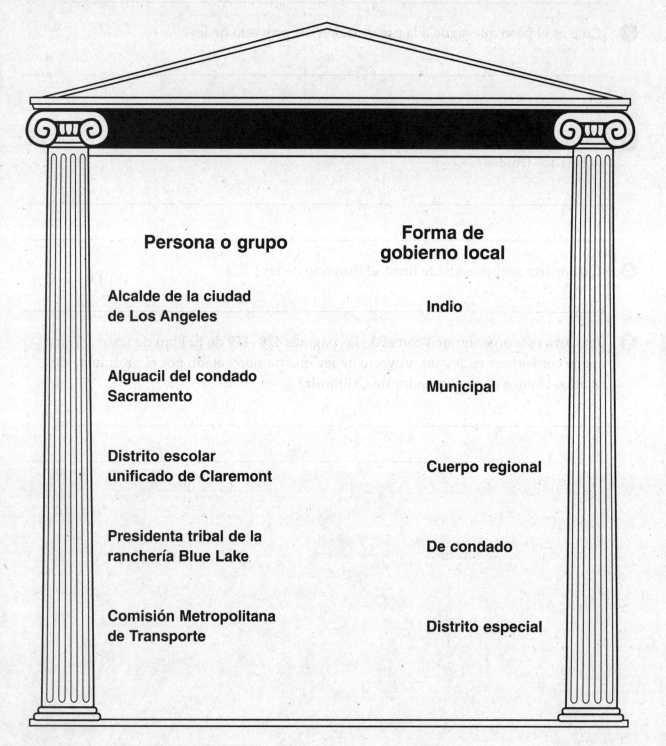

Persona o grupo	Forma de gobierno local
Alcalde de la ciudad de Los Angeles	**Indio**
Alguacil del condado Sacramento	**Municipal**
Distrito escolar unificado de Claremont	**Cuerpo regional**
Presidenta tribal de la ranchería Blue Lake	**De condado**
Comisión Metropolitana de Transporte	**Distrito especial**

© Harcourt

 NORMAS DE CALIFORNIA HSS 4.5, 4.5.5   *(sigue)*

INSTRUCCIONES **Responde las preguntas sobre gobiernos locales.**

1 ¿Qué es un cuerpo regional?

_____

_____

_____

2 ¿Las tareas de qué poder o poderes del gobierno realiza la junta de supervisores de condado?

_____

_____

_____

3 ¿Cuál es la diferencia entre ciudades regidas por leyes generales y ciudades "charter"?

_____

_____

_____

4 Señala tres aspectos por los que una tribu india soberana se considera una nación.

_____

_____

_____

5 ¿Por qué es importante que el departamento de educación de cada condado trabaje en conjunto con el consejo de educación estatal y los distritos escolares locales?

_____

_____

_____

© Harcourt

Destrezas: Tomar una decisión económica

INSTRUCCIONES Imagina que eres el alcalde de Cualquierópolis, en California. El consejo municipal acaba de aprobar el presupuesto para el próximo año. Tienes 10,000 dólares para gastar en "extras" para la ciudad. Piensas que Cualquierópolis necesita mejoras en los departamentos de policía y de bomberos, obras en la calle principal, nuevos juegos para el parque, artículos de mantenimiento para la escuela y nuevas sillas para la biblioteca. También te gustaría organizar un desfile para el Día de la Independencia y un Festival de la Cosecha.

Observa la lista de costos de abajo. Elige cómo gastar el presupuesto extra de Cualquierópolis y responde las preguntas.

Presupuesto "extra" de Cualquierópolis	$10,000.00
Mejoras en el departamento de policía	$2,500.00
Mejoras en el departamento de bomberos	$2,500.00
Obras en la calle principal	$1,500.00
Nuevos juegos para el parque	$1,500.00
Artículos de mantenimiento para la escuela	$3,000.00
Nuevas sillas para la biblioteca	$2,000.00
Desfile del Día de la Independencia	$500.00
Festival de la Cosecha	$1,000.00

1 ¿Cuáles consideras que son los tres proyectos más importantes en el presupuesto? Explica tu respuesta.

_____

_____

_____

_____

_____

© Harcourt

NORMAS DE CALIFORNIA HSS 4.5, 4.5.4; HI 4

(sigue)

2 Basándote en el presupuesto, ¿cómo gastarías los 10,000 dólares? Recuerda que el presupuesto no puede superar los 10,000 dólares.

_____

_____

_____

_____

_____

_____

3 Imagina que debes elegir entre hacer las obras en la calle principal y comprar nuevos juegos para el parque. Elegir uno de esos proyectos significa renunciar al otro. ¿Cómo se le llama al hecho de renunciar a una cosa para obtener otra a cambio?

_____

_____

4 ¿Cuáles fueron los costos de oportunidad de tu presupuesto?

_____

_____

5 ¿Decidiste organizar un desfile del Día de la Independencia o un Festival de la Cosecha con tu presupuesto? Explica tu respuesta. ¿Por qué son importantes para la ciudad los eventos sociales?

_____

_____

_____

_____

Guía de estudio

INSTRUCCIONES   En el periódico escolar, Todd escribió un artículo sobre los gobiernos de Estados Unidos y de California. Usa las palabras y los términos del recuadro para completar el artículo.

Lección 1	Lección 2	Lección 3
federal	proyecto de ley	municipales
democracia	presupuesto	distritos especiales
enmiendas	vetar	junta de supervisores
Congreso	destitución	juicios con jurado
impuestos	referéndum	soberanos

Lección 1   El gobierno desempeña un papel importante en nuestras vidas. Este

artículo tratará sobre los gobiernos de Estados Unidos y California. Estados Unidos

tiene una forma de gobierno conocida como _____, en la que

el pueblo gobierna, ya sea tomando decisiones él mismo o eligiendo a otros para

que tomen las decisiones en su nombre. El gobierno _____ tiene

su sede en Washington, D.C. Incluye el Senado y la Cámara de Representantes,

que conforman el _____. La Constitución de Estados Unidos

se mantiene actualizada a través de cambios, o _____. Todos

los niveles de gobierno recaudan _____, o dinero, de los

ciudadanos para pagar por servicios.

© Harcourt

NORMAS DE CALIFORNIA HSS 4.5, 4.5.1, 4.5.3, 4.5.4, 4.5.5   *(sigue)*

136 ▪ **Tarea y práctica**   Usar después de leer el Capítulo 12; páginas 462–491.

Lección 2   La legislatura estatal de California es similar al Congreso de

Estados Unidos. Tiene dos cámaras: el Senado y la Asamblea. Los miembros

de cada cámara pueden presentar una propuesta para una nueva ley, o sea, un

_____ . Cuando ambas cámaras aprueban una nueva ley,

esta es enviada al gobernador. Él puede _____ la ley si no

está de acuerdo con ella. Si eso pasa, la legislatura necesita que dos tercios de

sus miembros voten a favor de la ley para que sea aprobada. El gobernador es

responsable de hacer cumplir las leyes del estado. También es responsable de crear

un plan, llamado _____ , que indica a qué se destinará el

dinero del estado. Los votantes de California pueden tomar acciones para oponerse

a una ley, pidiendo que sea sometida a la votación de los ciudadanos a través de

un _____ . Por medio de una _____ , los

votantes de California pueden remover a funcionarios de sus cargos.

Lección 3   El nivel más alto de gobierno local en California es el gobierno

de condado. Los votantes del condado eligen un grupo de líderes llamado

_____ . Cada condado tiene un poder judicial y una corte

superior. Esas cortes pueden tener _____ , o sea, casos donde un

grupo de ciudadanos decide la culpabilidad o inocencia del acusado. Los gobiernos

de la ciudad, o _____ , aprueban leyes locales y se aseguran de

su cumplimiento. Los _____ prestan servicios que no ofrecen

los gobiernos de condados o municipales. Las tribus indias tienen derecho a formar

gobiernos _____ , es decir, libres e independientes.

© Harcourt

LA LECTURA EN LOS ESTUDIOS SOCIALES: RESUMIR

 Los californianos y el gobierno

INSTRUCCIONES Completa este organizador gráfico para mostrar que comprendes cómo hacer un resumen acerca de los californianos y el gobierno.

Dato clave

Todos los niveles de gobierno funcionan solo con la aprobación de los ciudadanos.

Dato clave

Cada nivel de gobierno solo puede existir según leyes escritas aceptadas por el pueblo.

Resumen

_____
_____
_____
_____
_____
_____

Dato clave

En la Constitución de California, los votantes tienen la facultad de aprobar iniciativas.

Dato clave

En California, los votantes pueden destituir a funcionarios estatales.

Resumen

_____
_____
_____
_____
_____
_____

© Harcourt

NORMAS DE CALIFORNIA HSS 4.5, 4.5.2, 4.5.3